Roland Reuß · Fors

Roland Reuß

FORS

Der Preis des Buches und sein Wert

Stroemfeld

ISBN 978-3-86600-162-6
Bibliografische Information der Deutschen Nationalbibliothek
Die Deutsche Nationalbibliothek verzeichnet diese Publikation
in der Deutschen Nationalbibliografie;
Detaillierte bibliografische Angaben sind im Internet über
http://dnb.ddb.de abrufbar.

1. Auflage November 2013
Copyright © 2013 by Roland Reuß & Stroemfeld Verlag
Frankfurt am Main und Basel
Alle Rechte vorbehalten. All Rights Reserved.

Gedruckt auf säurefreiem, alterungsbeständigem Papier
entsprechend DIN ISO 9706.

Satz: Roland Reuß
Umschlag: Michel Leiner & Roland Reuß

Printed in Germany

Druck und Bindung: Freiburger Graphische Betriebe

Bitte fordern Sie die kostenlose Programminformation an:
Stroemfeld Verlag
D-60322 Frankfurt am Main, Holzhausenstraße 4
CH-4054 Basel, Altkircherstr. 17
info@stroemfeld.de
Weitere Informationen:
www.stroemfeld.com
www.textkritik.de

Prolog

I

eine buchhandlung

in aulendorf, dem verkehrsknotenpunkt in oberschwaben, steigt man aus dem zug, unterbricht die reise bis zum nächsten und geht in die buchhandlung rieck.
 eine rothaarige kommunistin aus berlin, buchhändlerin, hat sich mit einem intellektuellen zusammengetan, der in den benediktinerorden hatte eintreten wollen, es aber aufgegeben hat, krankheitshalber, sagt man. das entscheidende mittel, im dritten reich zu überleben, war das buch. und die buchhandlung rieck hatte bücher zum überleben.
 die kommunistisch-katholische allianz spürte gerade die bücher auf, die futter waren. verbotene literatur gab es keine, wäre zu gefährlich gewesen. selbst mit thomas mann unterm ladentisch ist man schnell erledigt. man mußte ein territorium ausfindig machen, für das keiner der nazis zuständig war, bücher ausfindig machen, die streng wissenschaftlich waren, aber so dop-

Prolog

pelbödig, daß der aktuelle klartext herüberkam. wer es lesen konnte, spürte, daß theologie, philosophie, kulturgeschichte in erster linie anlässe waren, um zur sache zu kommen.

diese buchhandlung war keine buchhandlung des widerstands. ich meine, sie war mehr. sie spielte intelligenz gegen die partei aus in dem sinn, daß sie die bücher führte, die zu beurteilen die adepten der neuen weltanschauung zu dumm waren, die aber das rechten, das interpretieren dessen, was geschah, am glimmen und gelegentlichen flackern hielt. pro jahr waren es vier, fünf bücher, die sie unter die leute brachten. aber schon ein, zwei bücher können das holz sein, auf dem man im meer überlebt.

der novize hatte fast keine haare mehr, einen breiten mund und brille. sie schwarze, große wimpern zu ihrem roten wolkenhaar. man trank eine tasse tee, bestellte nicht nach sachlichen und fachlichen gesichtspunkten, sondern auch nach den aussagen einer doppelbödigen wissenschaft. man nahm auch ein buch mit über ein fremdes thema, das einen nicht interessierte, wenn es nur einige stellen gab, die gut waren zum weiterleben.

ich hätte mich nie für eine bürgerliche rechtfertigung von jakob burckhardt als gegenpol zu nietzsche interessiert, wenn das

intelligenz gegen die partei

buch von alfred von martin ›nietzsche und burckhardt‹ nicht eine abrechnung mit dem dritten reich gewesen wäre.*

---

* otl aicher, *innenseiten des kriegs* (Frankfurt am Main 1985), 152f.

Prolog

2

Sonntagmorgen, 14. April 2013, SWR2, ein Radiobeitrag über »den Wendepunkt im Leben von Hans und Sophie Scholl«. Die Bedeutung von Otl Aichers Einfluß auf die sich bildende Gruppe. Ich dachte daran, daß ich seine Autobiographie wieder einmal lesen sollte. Eine Weile mußte ich suchen, ich wußte nicht gleich, wo ich das bei S. Fischer erschienene Buch hingestellt hatte. Dann fand ich es – es war die noch von Aicher selbst gestaltete Erstausgabe, in Leinen, konsequenter Kleinschreibung und noch nicht, wie die zweite Auflage, in der von ihm entworfenen Rotis gesetzt, die als Buchschrift (anders als für die Audi-Reklame) nicht taugt.

Als ich das Buch fand, schlug ich es auf, irgendwo in der Mitte, um zu sehen, ob es mir immer noch etwas zu sagen hatte. Ich las eine eindringliche Erinnerung an die – heute noch existierende – Buchhandlung Rieck in diesem Ort, Aulendorf, von dem gelesen zu haben, ich mich genauso wenig erinnern konnte wie an Aichers Erzählung selbst. Es war, als läse ich nicht nur die Stelle zum ersten Mal, sondern auch den

Durchsage

Ortsnamen und alles, was mit ihm zusammenhing. Aichers Beschreibung nach mußte er irgendwo südlich von Ulm liegen. Ein Ort und eine Buchhandlung. Georg Siebeck erzählte mir einen Monat später, daß sie nach wie vor eine der wichtigsten theologischen Buchhandlungen in der Welt sei und wieviele Subskribenten (vor allem Pfarrer und Studenten) das Lexikon »Religion in Geschichte und Gegenwart« über sie bezogen hatten (und immer noch beziehen). Ich wußte das alles nicht. Auch nicht, daß Ratzinger, der Vatikan überhaupt, über sie Bücher bezog. Die Vergangenheit der »Weißen Rose« ragte über sie in die Gegenwart hinein. Eine kleine Provinzbuchhandlung als dezentraler Ort des Widerstands – und *avant*. Ein Denkbild.

> ... einige stellen gab, die gut waren zum weiterleben.

Drei Tage darauf fuhr ich wegen eines Gerichtstermins nach Stuttgart. Ich nahm den IC 119. Er schneidet, wie alle Schnellzüge, über die brutale Schneise der ICE-Trasse den Kraichgau, Maulbronn ließ er links liegen, sein Bestimmungsort war Innsbruck. Als ich Platz genommen hatte, drängte sich mit der Durchsage des Schaffners ein Ortsname durch den aufgespannten Reizschutz. Immer hatte ich nämlich angenommen, Züge vom Oberrhein nach Innsbruck

Prolog

nähmen den Weg über München und Kufstein. Nicht jedoch dieser, in den ich eingestiegen war. Er zweigte in Ulm von der üblichen Route ab, südwärts Richtung Bodensee, um über Bludenz und das Vorarlberg das obere Inntal zu gewinnen. Durch das Stimmengewirr der end- und sinnlosen Dauertelefonate und das Quietschen und Schnarren des anfahrenden Zugs fiel mir bei der Ausfahrt aus dem Heidelberger Hauptbahnhof der Name Aulendorf zu. – Er gewann Bedeutung, einen *Wert*.

Fors Clavigera

3

Erstaunlich ist, wie wenig, was einmal von Menschen schon begriffen war, sich wirksam hält in der Zeit. Naturwissenschaftliche Erkenntnis hat hier scheinbar einen Vorteil. Wenn es ihr gelingt, sich in einer Technik zu realisieren, ist die darin liegende Erkenntnis solange existent, wie keine neue, ›bessere‹ Erkenntnis in Gestalt einer neuen ›besseren‹ Technik auftritt, die sie ablöst. Der Ideologie nach ist das immer ein Aufstieg (ob es sich stets auch so verhält, kann man bezweifeln), und es entsteht so etwas wie der Anschein von stabilen Fundamenten.

Nicht so bei dem, was an historischer Erkenntnis einmal erworben und in seinen Gründen begriffen war. Man konnte das unlängst an der Debatte um das Urheberrecht gut sehen, die – auch weil niemand mehr sich die Mühe machte, den ›objektiven Geist‹ in der geltenden Rechtslage zu erklären (die Rationalität, die zu ihr geführt hat) – aus einer kollektiv wirkenden Amnesie sich nährte. Als sei gar nicht mehr verstanden und auch begreiflich, daß für jede Kultur (wie übrigens auch für jede Ökonomie) zunächst die Bedingungen neuer Produktion zu sichern sind – und Konsum erst einsetzen kann, wenn die Produkte innerhalb einigermaßen gesicherter Rechtsrahmen in die Welt gesetzt werden.

»The endeavour to *get* the grasps of Goods, instead of to *produce* them, and to get the privilege of devouring them, instead of the faculty of *creating* them«,* ist, dank des ›Netzes‹, zu einer allgemeinen Volkskrankheit geworden, die an manchen Stellen terroristische Züge angenommen hat – mit kleinen Möchtegern‑Robespierres, die alles authentisch Produzierte unter die Plastik‑Guillotine ihrer *Mashups* legen wollen und daraus sogar das Recht ableiten, die Produktion selbst destruieren zu können. Als hielten sich Wolfgang Rihm, György Kurtág, Helmut Lachenmann in derselben Sphäre geistiger Produktivität auf wie ein anonym‑pseudonymer DJ, der gerade mal einen *remix* auf YouTube™ hochzuladen imstande ist. Niemals hätte die *Serenissima* den Venezianischen Karnevalisten das Recht eingeräumt, die Produktionsbedingungen Tizians zu zerstören, soviel war schon früh historisch

---

* John Ruskin, *Brief an Rev. J. P. Faunthorpe*, 18. Dezember 1880, Brantwood, Coniston Lake, Lancashire, in: Edward Tyas Cook u. Alexander Wedderburn (Hrsg.), *The Works of John Ruskin*. Library Edition. 39 Bde. (London, New York 1903–1912), XXIX 554. Ich zitiere diese Ausgabe mit der Sigle *CW,* es folgen Band‑ und Seitenangabe.

begriffen. Die Zahl derer, die nichts Eigenes vorlegen können (oder wollen), aber gerne von der Arbeit Anderer kostenlos Gebrauch machen wollen, dürfte zu allen Zeiten konstant sein. Aber noch nie haben sie sich so laut und präpotent zu Wort gemeldet wie heute. Und noch nie hat Politik solchen Stimmen derart viel Gehör eingeräumt.

Die Schwierigkeit, einmal Begriffenes und in Institutionen Gestaltgewordenes (Hegels ›objektiver Geist‹) intellektuell wieder einzuholen, den Begriff wieder in Fluß zu bringen und in gegenwärtigem Handeln Geltung zu verschaffen, ist aber nicht auf solche kulturnahen Felder beschränkt. Amnesie von historischer Erfahrung gibt es auch anderswo. Um die Desaster, welche die westlichen Armeen im Irak, in Afghanistan (wie vorher schon in Vietnam) nach ihrem Einmarsch in diese Länder angerichtet haben, zu antizipieren und dann auch eine andere Politik einzuschlagen, hätte vielleicht schon eine aufmerksame Lektüre von Theodor Mommsens »Römischer Geschichte« ausgereicht. Im Kapitel über Syrien schreibt Mommsen über die Disziplinlosigkeit der dortigen Besatzungsarmee:

> Wo der stehenden Truppe neben ihrer nächsten Bestimmung noch die Aufgabe der Polizei zufällt, wirkt dies an sich demoralisierend,

Fors Clavigera

und nur zu oft wird, wo sie unruhige städtische Massen in Zucht halten soll, vielmehr ihre eigene Disziplin dadurch untergraben.*

Abu Ghraib ist da schon vorgezeichnet, aber das in Büchern wie denen von Mommsen gewonnene Wissen ist offenkundig nicht mehr präsent und wirksam, und auch die Lektionen, die die Zeitgeschichte bereithält, stehen in Gefahr, bald wieder vergessen zu werden.

Ähnlich sieht es bei rechtlichen Regelungen aus, um die lange gerungen wurde, und die dann irgendwann Eingang in Gesetzeswerke gefunden haben. Die Einführung von Sozialkassen ist ein prominentes Beispiel, die Etablierung von höheren Bildungsanstalten ein anderes. Wenn man einmal vergessen hat, warum eine Arbeitslosenversicherung durchgesetzt worden ist, warum es Rentenversicherungsanstalten gibt, warum Universitäten staatliche Einrichtungen und keine GmbHs sind, dann sieht es mit der Existenz dieser Errungenschaften auch nicht mehr so gut aus.

Töricht aber und zynisch ist die Vorstellung, daß etwas, weil entstanden, auch wert sei, daß es zugrundegehe.⟪ Wahrscheinlich läßt sich das

---

* Theodor Mommsen, *Römische Geschichte*. Vollständige Ausgabe in acht Bänden (München 1984), VII 152.
⟪ Das ist nur die schale Weisheit des Mephistopheles. *Faust*. Der Tragödie Erster Theil, Studirzimmer [1], Vers

noch nicht einmal im Pflanzen- und Tierreich von irgendwem oder irgendetwas sinnvoll behaupten. Die Entscheidung darüber nämlich, ob man etwas behalten (und sich dafür schlagen) will, läßt sich nicht an einen scheinbar naturwüchsigen Geschichtsgang abtreten. Die, die den grauen Siliziumwind der Informationstechnologie in ihrem Rücken verspüren (und gar meinen, das stärke das Denken), dünken sich im Bereich des Publikationswesens nicht nur der Frage enthoben, ob sie Bücher, Buchhandlungen, Gedrucktes überhaupt, Distributionsmöglichkeiten dafür usw. noch für wünschenswert halten dürfen. Oft empfinden sie sogar eine kitzlige Lust daran, sich das nur als Ruinanz vorstellen zu können. Aber das reicht, gottseidank, nicht schon von sich aus, um alle zivilisatorischen Errungenschaften in den Orkus zu schicken.

Schon Marx meinte, den Nachweis für das notwendige Zugrundegehen der bürgerlichkapitalistischen Gesellschaft dadurch geliefert zu

---

1338–1344: »Ich bin der Geist der stets verneint! / Und das mit Recht; denn alles was entsteht / Ist werth daß es zu Grunde geht; / Drum besser wär's daß nichts entstünde. / So ist denn alles was ihr Sünde, / Zerstörung, kurz das Böse nennt, / Mein eigentliches Element.« Johann Wolfgang Goethe, *Faust-Dichtungen*. Faust, erster Theil. Faust, zweyter Theil. Frühere Fassung (»Urfaust«). Paralipomena. Hrsg. u. kommentiert v. Ulrich Gaier (Stuttgart 2010), 69.

haben, daß er zeigte, wie diese historisch entstanden sei. Das war im Sinne einer Geschichtsphilosophie geschrieben, die mit dem zwangsläufigen Ende von Geschichte rechnete und *ergo* auf Ahistorizität aus war.* Aber so einfach liegen die Dinge nicht. Auch die Trennung von Kirche und Staat, gar die Einführung von (dem Anspruch und manchmal auch der Praxis nach) demokratischen Prozessen in Deutschland sind nicht vom Himmel gefallen. Sie sind Produkte

---

* Das ist in einer Passage von Franz Bleis Autobiographie auf den Punkt gebracht. Blei berichtet von einem Gespräch, das er in der Schlußphase des »österreichischen Revolutiönchen[s]«, November 1918, mit zwei russischen Emissären geführt habe.»Sie sprachen, wie die ersten Christen oder die ersten Schüler des heiligen Franz nur hätten sprechen können: von der Geschichte als einem irrsinnigen Vorurteil des sein Einzelleben überschätzenden Einzelnen.« Und dann, die namenlosen Emissäre, in direkter Rede: »Wir wollen die Geschichte durch den Kommunismus zum Aufhören bringen. Das Wir-Wollen ist nur die notwendige transitorische Aktion zur Beschleunigung eines Prozesses. Wir sind nur die lebendige Kraft gewordenen Partikel eines mechanischen Prozesses mit zufälligem Namen.« Franz Blei, *Erzählung eines Lebens* (Leipzig 1930), 484. Man kann hier sehr gut erkennen, (a) wieviel Spinoza in dieser Artikulation von Kommunismus im Spiel und (b) wieviel Verschiebung (im Freudschen Sinne) bei heutigen Netzaffinen am Werk ist. Wenn das Ziel kollektiver Vergemeinschaftung in der Realität gescheitert ist, verlagert man es eben in die Virtualität. – Sehr scharf zur zitierten Stelle Heimito von Doderer, *Tangenten. Aus dem Tagebuch eines Schriftstellers. 1940-1950* (München ²1974), 21.

eines historischen Kampfes. Sollen wir darum ihr Schicksal für besiegelt halten? Das doch wohl eher nicht. Und je mehr wir den Eindruck haben, daß diese Regelungen und die sie begleitenden Institutionen *für uns* nach wie vor wertvoll sind, eine Bedeutung haben, desto weniger werden wir ihre Existenz kampflos den Opportunisten preisgeben, die nur zu gerne – und allem Kampf voraus – schon auf der Seite der Sieger stehen wollen.

Über den Preis des Buches, seinen Wert und den Wert der Arbeit zu schreiben, mit Blick auf Ruskin, Morris, Pound & Shakespeare, folgt dem Auftrag Hölderlins aus den Schlußversen von »Patmos«, »bestehendes gut« zu deuten.[*] Das ist kein konservatives Programm, sondern eine konkrete und den Konflikt nicht scheuende Auseinandersetzung mit der Zeit. Denn ›Bestehendes‹, das ist nicht einfach das Gestrige, Abgetane und Abzutuende, sondern im genauen Wortsinn das, was sich der Prüfung, der Kritik, ausgesetzt hat, weiterhin aussetzt und dabei standhält. Ein Dynamisches, das nur ist, was es ist, im historischen Prozeß. Dessen Verlauf ist kein Automatismus, Menschen haben für ihn eine Verantwortung.

---

[*] Friedrich Hölderlin, *Sämtliche Werke*. Frankfurter Ausgabe [= *FHA*], Band 7, gesänge 1, hrsg. v. D. E. Sattler (Frankfurt am Main, Basel 2000), 445.

Fors Clavigera

4

Die insgesamt 96 Briefe, die John Ruskin in einer Auflage von 1000 bis 1050 Exemplaren zwischen 1871 und 1884 auf eigene Kosten unter dem Namen »Fors Clavigera« publizierte, sind eines der denkwürdigsten Zeugnisse literarischer Produktion überhaupt.* Von Januar 1871 bis März 1878 – es war das Jahrzehnt, in dem Ruskin die für ihn eigens erfundene und auf ihn zugeschnittene Professur »of Fine Arts« an der University of Oxford, die erste Professur für Kunstgeschichte überhaupt, bekleidete – erschien jeden Monat, abgeschickt aus Venedig, der Schweiz, London, Oxford, Abingdon, immer von dort, wo Ruskin sich gerade befand, »printed for the author by

---

* Tim Hilton, *John Ruskin* (New Haven, London ²2002), nennt »Fors Clavigera« »Ruskin's best and most extensive work«, »Ruskin's masterpiece« (xxxvi u. xxxvii). Hiltons Einschätzung wird von Wolfgang Kemp, *John Ruskin. 1819–1900. Leben und Werk* (München, Wien 1983), geteilt: »Die 1900 Seiten und 650 000 Wörter von ›Fors‹ bilden nicht nur Ruskins Hauptwerk dieser Jahre, sie sind sein erstaunlichstes und sein aktuellstes überhaupt« (336). Schon Edward Thyas Cook hatte in seiner »Introduction« zur Edition der »Fors« bekannt: »There is no other book in the world quite like it«. *CW* XXVII xxi.

Smith, Elder & Co 15, Waterloo Place; and sold only by Mr. G. Allen, Heathfield Cottage, Keston, Kent«,* zum Fixpreis zunächst von sieben Pence (später dann wurden es zehn), ein langer, im kleinen Oktavformat gedruckter Brief, pointiert befremdlich adressiert an die »Workmen and Labourers of Great Britain«.

Am 15. Februar 1878 beschloß er den 87. Brief, der im März in Druck ging, dann driftete sein Geist ab.☾ Am 23. Februar kam es zum ersten einer Reihe schlimmer Nervenzusammenbrüche, die sich, von langen Phasen hellwachen Bewußtseins unterbrochen, über die nächsten zehn Jahre hinwegzog, bis Ruskins Bewußtsein 1888, dem Jahr auch von Nietzsches Zusammenbruch, endgültig in der Dunkelheit verschwand. Die hellsten Geister des ausgehenden Jahrhunderts versanken für zwölf Jahre in Dämmer. Beide starben 1900.

---

* Mit dem Umzug Allens wechselte der Ort; das Impressum vermerkte als Adresse »Sunnyside, Orpington, Kent«.

☾ Die von Helen Gill Viljoen vor der Vernichtung geretteten Tagebücher Ruskins aus dieser Woche geben ein lebhaftes Bild von Ruskins Zustand (ein barbarisches Wort) zu dieser Zeit. Dies., *The Brantwood Diary of John Ruskin. Together with Selected Related Letters and Sketches of Persons Mentioned* (New Haven, London 1971).

Da an eine Fortsetzung der »Fors«-Briefe unter diesen Umständen zunächst nicht zu denken war, lag der Auslieferung des 87. Briefs ein ›slip‹ bei, datiert auf den 26. Februar, auf welchem dem Publikum mitgeteilt wurde, daß der Autor im Augenblick nicht in der Lage sei, mit der monatlichen Lieferung der »Letters« fortzufahren:

> Professor Ruskin, who is at present lying seriously ill – from prostration, caused by overwork – will not, until further notice, be able to issue ›Fors,‹ his medical advisers having ordered absolute rest for some time.*

Das war das offizielle, beschönigende – Ruskin war nicht nur ›erschöpft‹ gewesen – Bulletin mit einer Diagnose, die auf Ruskins Arzt, John Simon, zurückging. Dieser berichtete am 4. März, als sich der Patient wieder ›normalisiert‹ hatte, dem Harvard-Historiker und Vertrauten Ruskins, Charles Eliot Norton, – er war später einer der von Ruskin bestimmten Verwalter seines Nachlasses – in die USA:

> I trust that the worst has now passed. ... You know, without my telling it, all that has brought this dreadful disaster on him, the utterly spendthrift way in which (with imagination

---

* *CW* XXIX xxx.

blowing the bellows

less and less controlled by judgment) he has for these last years been at work with a dozen different irons in the fire each enough to engage one average man's mind. And his emotions all the while as hard-worked as his intellect they always blowing the bellows for its furnace. As I see what he has done, I wonder he has not broken down long ago.*

Ruskin selbst hielt diese Analyse, mit Recht, für einseitig, wahrscheinlich sogar für unangemessen.☾ Der nach der Rekonvaleszenz am 23. Juli 1878 geschriebene Brief an Norton deutete, vor dem Hintergrund von Ruskins semi-privater Mythologie, den Zusammenbruch als Resultat komplexerer Vorgänge, in deren unausgesprochenem Zentrum die unheilbare Verzweiflung über den Tod von Rose de la Touche,★ der unerfüllten Liebe seines Lebens, stand. Seine eigene Erklärung bediente sich des Bildreservoirs der

---

* Charles Eliot Norton (Hrsg.), *Letters of John Ruskin to Charles Eliot Norton.* 2 Bde. (Boston, New York 1904), II 146f.
☾ *CW* XXIX 386, Letter 88, § 8, geschrieben an Ruskins 61. Geburtstag, dem 8. Februar 1880: »The doctors said that I went mad, this time two years ago, from overwork. I had not been then working more than usual, and what was usual with me had become easy. But I went mad because nothing came of my work.«
★ Sie starb am 25. Mai 1875.

Fors Clavigera

»Fors Clavigera«, vor allem seiner Beschäftigung mit Carpaccios berühmtem Bild vom »Traum der Heiligen Ursula«, das er, mit den anderen sieben Bildern des Ursula-Zyklus, von September 1876 bis Mai 1877 in Venedig eingehend studiert hatte (es war dort eigens für ihn abgehängt worden und Ruskin hatte sich eine Aquarell-Kopie angefertigt):

> The Doctors say it was overwork and worry, which is partly true, and partly not. Mere overwork or worry might have soon ended me, but it would not have driven me crazy.
>
> I went crazy about St. Ursula and the other saints – chiefly young-lady saints: and I rather suppose had offended the less pretty Fors Atropos, – till she lost her temper. But the Doctors know nothing either of Ste Ursula or Ste Kate, or Ste Lachesis – and not much else of anything *worth knowing*.«*

(Was überhaupt ist wert, gewußt zu werden?)

---

* John Lewis Bradley u. Ian Ousby (Hrsg.), *The Correspondence of John Ruskin and Charles Eliot Norton* (Cambridge, London, New York u. a. 1987), 412f. Herv. v. mir. Die Einswerdung der Ursula Carpaccios mit Rose de la Touche ist für den engeren Bekanntenkreis Ruskins leicht zu erschließen gewesen.

Das Brantwood Diary

5

Wie schreibt man, wenn der Wahnsinn kurz davor ist auszubrechen? Kann man die Zeichen der Krankheit bereits als »symptoms« an und in der eigenen Sprache wahrnehmen? Diese Frage, die auch Ruskin sich schon bald, nachdem er wieder zu Kräften gekommen war, stellen sollte und die ihn dazu brachte, die Tagebucheinträge vom 17./23. Februar immer wieder zu durchmustern, ist bis heute offen.

Daß man sie überhaupt stellen kann, verdankt sich der so souveränen wie geduldigen Arbeit einer einzigen Person, Helen Gill Viljoen, die das sogenannte »Brantwood Diary« 1929 entdeckte. Ruskin war zu dieser Zeit in England ein toter Hund, Brantwood, das Haus Ruskins am Coniston Water im Lake District, völlig heruntergekommen. Viljoen, die in den zwanziger Jahren in den USA über Ruskin promoviert hatte, konnte die Papiere erst 1971 publizieren.*
Sie sind, wie Ruskins jüngster Biograph, Tim Hilton, schreibt, ein singuläres Zeugnis der Lite-

---

* Viljoen, *The Brantwood Diary of John Ruskin*.

ratur. »Nothing else in literature resembles this record of a great intellect falling into madness.«*

Von den Nachlaßverwaltern war es, wie so viele andere Dokumente, die nicht in die hagio‑graphischen Züge der ersten Welle von posthu‑men Ruskin‑Editionen und ‑Biographien paß‑ten, unterdrückt worden.☾ Die Erben hatten 1931 die Papiere auf Auktionen (man muß es so hart sagen) verhökert, und nur die Sammelleiden‑schaft Frederick J. Sharps, eines in Barrow‑in‑Furness (30 Kilometer von Coniston entfernt) ansässigen Zimmermanns,* der von Ruskins Persönlichkeit tief geprägt war, hatte die wich‑tigsten Papiere zusammengehalten. Bei seinem Tod im November 1957 fiel, für die Empfängerin überraschend, seine komplette Sammlung an

---

* Hilton, *John Ruskin*, 661.
☾ Über die Vorgänge um Ruskins Nachlaß orientieren vor allem die Studien von James L. Spates, *John Ruskin's Dark Star. New Lights on His Life Based on the Unpublished Bibliographical Materials and Research of Helen Gill Viljoen*, in: Bulletin of the John Rylands University Li‑brary of Manchester 82 (2000), 135–191; ders., *Helen Gill Viljoen's discovery of Ruskin's manuscripts, diaries and letters at Brantwood, 1929,* in: The Friends of Ruskin's Brantwood Newsletter, Autumn 1998, 17–25; Spring 1999, 17–31; Autumn 1999, 10–31.
* Zimmermänner scheinen eine merkwürdige Affinität zu ›Verrückten‹ zu haben (siehe Hölderlin). Zu Sharp vgl. Van Akin Burd, *Frederick James Sharp 1880–1957,* in: The Book Collector 44 (1995), 543–573.

Zimmermänner

Ruskin-Dokumenten an Viljoen, mit der er seit 1953 brieflich korrespondierte.* Ein Glücksfall.

---

* Sein Vertrauen in Viljoen und sein Mißtrauen in die offizielle Ruskin-Forschung ging offenbar so weit, daß er den beiden Herausgebern der Ruskin-Tagebücher, Joan Evans und John Edward Whitehouse, die 1956–59 drei Bände bei der Oxford University Press publizierten, den Abdruck des Brantwood-Tagebuchs nicht gestattete. Cf. *The Diaries of John Ruskin*. 3 Bde. [I: 1835–1847; II: 1848–1873; III: 1874–1889] (Oxford 1956–1959).

Fors Clavigera

6

Die Woche vom 17. Februar eröffnete, unter einem dicken Kreuz, ein Gespräch mit dem Teufel (»The devil put a verse into my head just now – ›let us not be desirous of *vain* glory.‹ I am NOT oh Devil. I want useful Glory. – ›provoking one another‹ – Oh Devil – cunning Devil – do you think I want to provoke Beata Vigri and little Ophelia then – ?«*). Es folgen Eintragungen, die noch Viljoen als Zeichen der drohenden Umnachtung nahm: »pages filled with an increasingly uncontrolled flow of associated ideas (his profound agitation being frequently revealed, even to a lay reader, by the script)«.⸨ Erst Hilton hat in einer geduldig explizierenden Passage seiner Biographie die konkrete und rationale Bezüglichkeit der Notate auf Ruskins Gedankenwelt entfaltet und durch einen detaillierten Stellenkommentar den Schein gehoben, sie sei-

---

* *The Brantwood Diary of John Ruskin*, 92f. Zur Identifikation von Rose de la Touche mit Ophelia und den »Hamlet«-Bezügen der Februar-Eintragungen überhaupt cf. Kemp, *John Ruskin*, 368f.

⸨ Ebd., 64.

Die griechische Prinzessin

en »random and inexplicable«.* Schockierend vielleicht und zugleich bizarr, daß mitten in den Eintragungen zum 22. Februar in einer eigenen Zeile genau dieser Tag in einer gespenstischen semantischen Polyvalenz »<u>Good</u> Friday« (guter Freitag und Karfreitag) genannt wird.⟨ Das letzte Wort vor dem Delirium, in einem Nachtrag auf der linken Seite (die regulären Eintragungen laufen auf der rechten), ist griechisch: κεραματις: »I couldn't find the key and then remembered I had not thanked the dear Greek Princess – nor Athena of the Dew – and Athena κεραματις«.★ Die nächste Seite, 75, ließ Ruskin frei (den Weißraum der Psychose) und schrieb später, nachsinnend über das, was sich zugetragen hatte, an den Kopf der Seite nur die eine Zeile: »February, – to April – the Dream.«⟩ »The Dream«: was für ein Name für den Zusammenbruch.

---

* Hilton, *John Ruskin*, 661; der Kommentar findet sich auf den Seiten 661–666.
⟨ *The Brantwood Diary of John Ruskin*, 100. Der tatsächliche Karfreitag 1878 fiel auf den 19. April. Kemp, *John Ruskin*, 371, mißversteht das Ruskinsche Spiel mit dem Datum, wenn er schreibt, man habe Ruskin am Karsamstag 1878 bewußtlos und fiebernd in seinem Bett gefunden.
★ Ebd., 102. Der Unterschied von Athena of the Dew und Athena in the Earth wird von Ruskin erörtert in »Queen of the Air«, *CW* XIX 334f.
⟩ Ebd.

April 1883

2134 5 Wet, but warm and calm.
Birds singing.
Y. a very bad day generally
but I got globe sketched
and Susie called on. and
had nice letters — and
did some green business,
and 'saw' — Herdson and
Martha.

Now see
p 78
In the opposite entry, which with that below is all on the night
preceding my first great illness. The words 'my Venetian Gondolier on a whirlpool'
interpolation all the rest in coffee on return

+ I couldn't find the key and
then remembered I had not thanked
the dear Greek Princess — nor Athena
of the Dew — and Athena κεραυνιτις.

I didn't know where to go on, but
don't think I should stop. — And
Andrea Gritti - then? quite unholy
is he, you stupid? Aerd Dandolo
then, I suppose: and the Blind
Gritti that had celestial light?
Yes - and you barefoot scotch
lasses — Diddie and all of you
you dears. - if only you would
go barefoot a bit. in the streets
So pretty — so pretty.
Naked foot,
That Shines like snow - and falls
on earth - or gold - as mute.

Oh - dear doge Selvo, I want
to know the shape of your cap.
terribly. I don't know which
is best - yours - or Gritti's - Tell
me all about it _ Raphael dear -
from the angle there and please
the angel of the lagoons from
the Paradise - tell me what
my own sweet Tintoret means
by those — Yes
"Send for the lock to the Sagittary"

And praise be to thee - oh God.
We praise thee Oh God, we acknowledge
thee to be the Lord.
            my Venetian guidebook
Finished. and my letter from 'Piers' put in
it. here. and all. I am going to lock up
with the stress of St thunder. 1/4 to one (20 minutes
by my Father's watch - 22nd February 1878

the angel of the lagoons from
the Paradise — tell me what
my own sweet Tintoret meant
by those — Yes
"Send for the lock to the Sagittary."

And praise be to thee — oh God.
We praise thee Oh God, we acknowledge
thee to be the Lord.

my Venetian godchildren
Finished. and my letter from 'Piero' put in
it. here. and all. I am going to lock up
with the Houses of St Mark. 1/4 to one (20 minutes
by my Father's watch — 22nd February 1878

74

April   1883

2134   5   Wet. but warm and calm.
Birds singing.
Y. a very bad day gravelly
but I got globe sketched
and Susie called on. and
had nice letters — and
did some green besieged,
and 'saw' — Herdson and
Now see   Martha.
78
In the opposite entry. which with that below is all on the night
preceding my first great illness, the words 'my Venetian Godchildren' are a misreference

Ausgemustert

7

Ich lese das alles, langsam, geduldig, staunend, in einem Exemplar von Viljoens Buch, das einmal im Besitz der Freien Universität Berlin war. Die Bibliothek hat es ausgesondert und über den

Antiquariatshandel verkaufen lassen. Das Buch sah, als ich es erhielt, so aus, als habe nie jemand darin gelesen. Nun ist es mir zugefallen, ein seltsames Geschick. So sieht sie aus, die Privatisierung kultureller Überlieferung.

8

all unconscious – »During my first illness of wild delirium – for I have had several such attacks, but the first was by far the worst – the voice of the fowls was an inexpressible terror to me. Ridiculous as it may seem, my madness took the form of my ever being in conflict, more or less personal, with the Evil One. I had at that time an old peacock who was good for nothing – and bad for very much; for at that season of the year the weather was abominable, and he was for ever foretelling rain with his ugly, croaking voice. I was lying ill upstairs, and so quickly flew my thoughts (I have since in my subsequent attacks, which were much less severe, been able to verify this extraordinary psychological fact, which proves how the Creator of all can subdivide time infinitesimally) that every time he croaked I thought I was in a farmyard, and that I was impelled by the tyrant Devil to do some fearful wrong, which I strove with all my might and main to resist. But my passionate efforts were of no avail; and every time I did the wrong I heard the voice of the Demon – that is, the peacock – give forth a loud croak of triumph. And this was more terrible than I can express in words.

In the first instance, when the illness first came upon me, I seemed to be aware of what was about to happen. I became powerfully impressed with the idea that the Devil was about to seize me, and I felt convinced that the only way to meet him – if efficient way there was – was to remain awake waiting for him all through the night, and combat him in a naked condition. I therefore threw off all my clothing, although it was a bitterly cold February night, and there awaited the Evil One. Of course, all this now seems absurd and comical enough, but I cannot express to you the anguish and torture of mind that I then sustained. I walked up and down my room, to which I had retired about 11 o'clock, in a state of great agitation, entirely resolute as to the approaching struggle. Thus I marched about my little room, growing every moment into a state of greater and greater exaltation; and so it went on until the dawn began to break, which, at that time of year, was rather late, about half-past 7 o'clock. It seemed to me very strange that that of which I had such a terrible and irresistible conviction, had not come to pass. I walked across towards the window in order to make sure that the feeble blue light was really the heralding of the grey dawn, wondering at the non-appearance of my expected visitor. As I put forth my hand towards the window a large black cat sprang forth from behind the mirror! Persuaded that the foul fiend was here at last in his own person, though in so insignificant a form, I darted at it, as the best thing to do under the critical circumstances, and grappled with it with both my hands, and gathering all the strength that was in me, I flung it with all my might and main against the floor ....

A dull thud – nothing more. No malignant spectre arose which I pantingly looked for – nothing happened. – I had triumphed! Then, worn out with bodily fatigue, with walking and waiting and watching, my mind racked with ecstasy and anguish, my body benumbed with the bitter cold of a freezing February night, I threw myself upon the bed, all unconscious, and there I was found later on in the morning in a state of prostration and bereft of my senses.

I lay like that for a fortnight, during which I was in a state of wild delirium, and when at last I began to regain consciousness, the most fearful thoughts took possession of me. Demons appeared to me constantly, coming out of the darkness and forming themselves gradually into corporeal shapes, almost too horrible to think of. But even worse and more torturing than these were the fantastic, malignant, and awful imps and devils and witches that formed themselves out of various articles in the room. The knob on the top of one of the bedposts of my little bedstead was continually turning into a leering gibbering witch; and so forcibly did the likeness burn into my mind that I have since sketched the Old Lady. I will show her to you later on.

There is a marvellous fact in connection with my illness which I believe is common to all who have suffered from the same disease; while all ugly things assume fearfully and horribly hideous forms, all beautiful objects appear ten times more lovely. Thus my Turner drawings, of which there are about a score upon the walls, and which are absolutely perfect as they are, seemed a thousand times more lovely, the colours brighter, and they looked in their splendour more like pictures of heaven than of earth. The same applies to pretty patterns in materials, such as the borders on my window-curtains, or the wall-paper.«

»May not this in some degree have been due to your aesthetic sense being more highly developed than most people's?« I asked.

»No; I am persuaded it is not,« he replied. »It affects every one alike. In the other attacks which, as I told you before, were not so severe, I always knew what was coming; and whilst they were upon me, I could examine and analyse their nature, as if I were carrying out an independent investigation; and, observe, in every case these illnesses have been brought on not by overwork, as many have supposed, but by acute mental suffering or misfortune.«

»I have sometimes wondered,« proceeded Mr. Ruskin, more slowly, and seeming to weigh his thoughts as he spoke, »whether the peculiar habit of some persons who are for ever striving to find a resemblance, or fancy they do, between what they see and something quite different, which they ought not to be thinking about at all, if they would only rightly understand what they are looking at, can be a variation in a mild form of this disease, or whether it is merely the natural perversity of their foolish dispositions. Shakespeare evidently understood the symptom when he placed that wonderful touch of Nature in poor Hamlet's mouth. Yet entirely

Hamlets Mund

healthy persons sometimes make a practice of it. Why, when I took my two little wards on a tour through Switzerland, many years ago, there was nothing they saw – neither leaf, nor stone, nor pool, nor mountain – but what in their eyes bore resemblance to some other thing which had no sort of connection with them. So strong and continuous and unbearable did this habit become that I was obliged, for my own comfort's sake, to silence my little fairies, and positively forbid them to make any more comparisons whatever. Under great and almost irresistible temptations (for them) they obeyed my order until our arrival at the Rhine Falls, at Schaffhausen, when they broke into a merry peal of laughter on instantly recognizing – as indeed we all three did on the moment – the extraordinary likeness of the centre rock to *Mr. Punch;*[*] and as I had joined in their laughter, they forced me to rescind my order.«《

---

* Mr. Punch ist die englische Entsprechung zum Kasperle der Puppenspiele.
》 H. [wahrscheinlich der mit Ruskin befreundete Arzt Dr. George Harley], *The Late Mr. John Ruskin.* Mr. Ruskin's Illness Described by Himself, in: The British Medical Journal, 27. Januar 1900, 225. Ruskin war am 20. Januar 1900 gestorben.

Fors Clavigera

9

Vorzeichen hätte ein aufmerksamer Beobachter vielleicht schon in dem außerordentlichen Bleistiftporträt erkennen können, das Ruskin – zusammen mit einem Aquarell – im Frühjahr 1874 an Norton sandte.* Norton freilich, der Ruskin schon länger um ein Selbstporträt gebeten hatte, war dieser aufmerksame Beobachter nicht. Gegenüber allem Exzentrischen, Ungeheuren bei Ruskin reagierte er mit Abwehr. Auch wertvolle Briefdokumente fielen dem Konformismus Nortons zum Opfer. Der Vermerk auf der Rückseite »not a good likeness« – ebenso von seiner Hand wie das »J. Ruskin (se ipsum)« auf der Vorder-

---

* Vgl. den Pisaner Brief an Norton vom 9. April 1874, in: Bradley/Ousby (Hrsg.), *The Correspondence of John Ruskin and Charles Eliot Norton*, 311–313: »I have told Burgess to send you the two beginnings of myself I made for you. – All that is good in me depends on terrible subtleties, which I find will require my very best care and powers of completion; all that comes at first is the worst.« (312) Den Graveur Arthur Burgess beschäftigte Ruskin als Berater für die Illustrationen seiner Bücher. Die von ihm übersandten Selbstporträts werden 1873/74 entstanden sein.

Spiegelbild

seite – war sprechend verständnislos.* Die Frage, ob es auf solche triviale ›likeness‹ überhaupt von Ruskin abgesehen war, wurde von Norton nicht einmal in Erwägung gezogen.

Das Bild – ein Spiegelbild nicht nur im buchstäblichen Sinn – hat in der Fläche seine Spiegelachse am scharf gezeichneten Nasengrat. Hell und Dunkel verteilen sich auf die beiden Seiten des Gesichts. Es ist das Bild einer Verkehrung und zugleich das einer Spaltung. Nasen-

* Kevin Jackson, *The Worlds of John Ruskin* (London 2010), 9.

Fors Clavigera

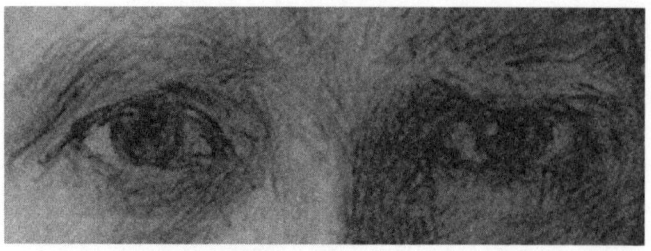

und Mundpartie verleihen dem Antlitz etwas Vogelähnliches – und lenken alle Konzentration auf die Augenpartie.

Während das linke* Auge offen und gelassen den Betrachter anschaut, ist das rechte, im Schatten liegende Auge deformiert. Die Augenbraue drückt auf das Auge und verkleinert das Gesichtsfeld. Was immer Befremdliches es sehen mag, sein Sehen ist reagierend. Wirklichkeit drückt sich ihm gleichsam ein. Ist das linke Auge auf das Gegenüber als auf seine Zukunft hin geöffnet, versucht das rechte, was es sieht, zu fassen, zu begreifen, es zu durchdringen.« Ausdruck und Eindruck stehen, scharf getrennt durch die Gratlinie der Nase – für Ruskin, den

---

* Da das Bild auf einer Spiegelung basiert, deckt sich in diesem Fall ›links‹ für den Betrachter mit ›links‹ für den Dargestellten.

« Anders Kemp, *John Ruskin*, 363, der die verzerrte Augenbraue »ein aktives Organ geradezu« versteht.

Braue

sprichwörtlichen Augenmenschen, ein wichtiges Organ der Urteilskraft* –, einander gegenüber. Man kann dieses Selbstporträt, wie es sich durch einfache Diagonalstriche aus dem Untergrund des Papiers herauslöst, als eine bildliche Reflexion der in sich gespaltenen Konzeption von »Fors Clavigera« verstehen.

---

* Collingwood, der erste Biograph Ruskins, beginnt das Kapitel, das er »Fors Clavigera« widmete, mit einleitenden Bemerkungen zu Ruskins Weigerung, seine Publikation zu bewerben (»It was not advertised«) und dem Hinweis darauf, daß die ersten Lieferungen gleichwohl rasch vergriffen waren. Ruskin kommentierte dieses erstaunliche Phänomen mit den Worten: »the public has a very long nose, […] and scents out what it wants, sooner or later«. William Gershom Collingwood, *The Life of John Ruskin* (Boston, New York, Cambridge 1900), 285.

Fors Clavigera

10

»It is time you should know, and I will tell you plainly. I am, and my father was before me, a violent Tory of the old school (Walter Scott's school, that is to say, and Homer's).«* – »For, indeed, I am myself a Communist of the old school – reddest also of the red; and was on the very point of saying so at the end of my last letter; only the telegram about the Louvre's being on fire stopped me, because I thought the Communists of the new school, as I could not at all understand them, might not quite understand me. For we Communists of the old school think that our property belongs to everybody, and everybody's property to us; so of course I thought the Louvre belonged to me as much as to the Parisians, and expected they would have sent word over to me, being an Art Professor, to ask whether I wanted it burnt down. But no message or intimation to that effect ever reached me.«❛

* *CW* XXVII 167, Letter 10 (7. September 1871), § 2.
❛ Ebd., 116, Letter 7 (1. Juli 1871), § 2. Ruskin bezieht sich

der Röteste der Roten

11

Der psychische Zusammenbruch vom 22./23. Februar 1878 war eine Zäsur in der Produktions- und Publikationsgeschichte der »Fors Clavigera«, er war nicht ihr Ende. Bis 1884, abgelöst erst durch den Entschluß, eine Autobiographie zu schreiben (»Praeterita«), in die auch Teile von »Fors« eingingen, schrieb Ruskin, wenngleich nun in unregelmäßigen Abständen, weiter an seinen Briefen. Neun weitere wurden insgesamt noch publiziert (Letters 88–96). Das Erstaunliche an diesen Texten war nicht zuletzt der in ihnen gepflegte offene Umgang mit dem Ereignis von 1878 und den weiteren fünf Zusammenbrüchen, die noch folgen sollten. Die Beschäftigung mit den Ursachen, die hierfür in Frage kamen, machte geradezu einen Motor der Produktion aus. Immer wieder kehrte Ruskin dabei an den Ort des ›Brantwood Diary‹ zurück, dessen absichtlich leer gelassene Seiten von der

auf die letzten Tage der Commune (Mai 1871) und den Brand der Tuilerien, der auf den Louvre übergegriffen und diesen beinahe zerstört hätte.

Fors Clavigera

Lücke im Bewußtsein Zeugnis ablegten. Noch am 6. April 1883 kommentiert er in einer seltsamen Schlangenlinie von Schrift auf zuvor leergelassenem Raum der Seite 78 (links) den letzten Eintrag vom 22. Februar 1878 auf der gegenüberliegenden Seite:

> Now see p 78 | In the opposite entry, which with that below is all on the night preceding my first great illness, the words my Venetian Gondolier were a subsequent interpolation: all the rest is left as written.*

---

* *The Brantwood Diary of John Ruskin*, 314. Die Transkription Viljoens gibt den Text Ruskins hier nicht korrekt wieder. (vgl. oben 28–30.) Sie notiert »the words *of* my Venetian Gondolier« (Herv. v. mir; das Wort »of« ist ihre Interpolation und steht nicht in der Handschrift), Ruskin bezieht sich, *de dicto,* auf die Formulierung selbst (»my Venetian gondolier«), die über der Zeile nachträglich eingefügt ist. Daß es sich um eine Zitation handelt, sieht man auch an den größeren Wortabständen, die sie einrahmt (vgl. 30). Ich lese das Wort »gondolier« im ursprünglichen Eintrag mit kleinem g, in der späteren Stelle mit G.

Titel

12

Ruskin wählte ab den sechziger Jahren – eine weithin sichtbare Provokation – Titel oft gerade wegen ihrer Dunkelheit. Ihre rätselhafte Polyvalenz widerstand systematisch den routinierten Zugriffen semantischer Aneignung. Nicht mehr »The Stones of Venice« oder »Modern Painters« hießen die Bücher, sondern »Unto This Last« (1860), »Munera Pulveris« (1862/63), »Sesame and Lilies« (1865), »Ethics of the Dust« (1866), »The Cestus of Aglaia« (1865/66), »Love's Meinie« (1873/81), »Proserpina« (1875/81), »The Laws of Fesolé« (1877/78), »The Storm-Cloud of the Nineteenth Century« (1884) und eben »Fors Clavigera«. Vergleichbar darin vielleicht nur dem Verfahren Johann Georg Hamanns, der sein Publikum ein Jahrhundert zuvor mit Titeln wie »Konxompax« oder »Golgatha und Scheblimini!« befremdete, lag dem eine Vorstellung von öffentlicher Rede zugrunde, die systematisch der Gefahr der zu schnellen Vereinnahmung zu begegnen suchte. Ruskin hat sich an verschiedenen Stellen über die Beweggründe für diese Verweigerung ausgesprochen, am offensten aber wohl im Eingang zu Brief 6 der »Fors«. Er schreibt dort:

> My Friends – The main purpose of these letters having been stated in the last of them, it is needful that I should tell you why I approach the discussion of it in this so desultory way, writing (as it is too true that I must continue to write) ›of things that you little care for, in words that you cannot easily understand.‹ I write of things you care little for, knowing that what you least care for is, at this juncture, of the greatest moment to you.
>
> And I write in words you are little likely to understand, because I have no wish (rather the contrary) to tell you anything that you can understand without taking trouble. You usually read so fast that you can catch nothing but the echo of your own opinions, which, of course, you are pleased to see in print. I neither wish to please, nor displease you; but to provoke you to think; to lead you to think accurately; and help you to form, perhaps, some different opinions from those you have now.*

»Fors« bekämpft an allen sprachlichen Fronten den herrschenden Narzißmus der Lektüre. Rus-

---

* *CW* XXVII 98f., Letter 6 (1. Juni 1871), § 1.

kins Buch sucht die Konfrontation – was auch unmittelbares Aussprechen eines Sachverhalts statt Einhüllung in Oxforder Hofschranzenenglisch nicht ausschließt. Im Gegenteil:

> People used to call me a good writer then; now they say I can't write at all; because, for instance, if I think anybody's house is on fire, I only say, ›Sir, your house is on fire;‹ whereas formerly I used to say, ›Sir, the abode in which you probably passed the delightful days of youth is in a state of inflammation,‹ and everybody used to like the effect of the two p's in ›probably passed,‹ and of the two d's in ›delightful days.‹*

Nicht ging es darum, die »Workmen and Labourers« irgendwo ›abzuholen‹, ihre narzißtische Konsumentenhaltung zu bedienen, sondern um die angemessene Artikulation der Gedanken, unabhängig vom Applaus eines zeitgenössischen Publikums. Ihm reichten wenige aufmerksame Leser, zur Not auch ein bestimmter. Genau wie Hamann, zu dessen Lieblingsanekdoten die von Cicero im »Brutus« berichtete Geschichte des als ›dunkel‹ abgetanen griechischen Dichters Antimachos gehörte, den bei einer langen Lesung eines neuen Textes nach und nach alle Zuhörer

---

* *CW* XXVII 400, Letter 23 (24. Oktober 1872), § 8.

verließen — bis auf den einzigen Übriggebliebenen, Plato.* Antimachos soll angesichts dieses ›idealen Zuhörers‹ ausgerufen haben: »Ich werde weiterlesen, Plato nämlich ist mir soviel wie Hunderttausende« (»Legam [...] nihilo minus; Plato enim mihi unus instar est centum milium.«☾).

Und wenn es noch schlimmer kam, schrieb auch Ruskin, wie vor ihm Hamann, für »Niemand, den Kundbaren«.* Brief 24, geschrieben am 7. November 1872 aus dem Corpus Christi College in Oxford und konzipiert als Weihnachtsbrief, kündigte an, künftig auf die Anrede an die »Friends« und die Unterschrift⁾ am Ende jedes Briefes zu verzichten. Keine ganz so frohe Botschaft:

> My Friends, – I shall not call you so any more, after this Christmas; first, because things have chanced to me, of late, which have made me too sulky to be friends with anybody; secondly, because in the two years during which

---

* Johann Georg Hamann, *Kreuzzüge des Philologen* (o. O. [Königsberg] 1762), 198; vgl. *Kleiner Versuch eines Registers über den einzigen Buchstaben P*, ebd., *256.
☾ Cicero, *Brutus*, 191.
* Hamanns Erstling, die »Sokratischen Denkwürdigkeiten« (1759), dedizierte sich in der Zuschrift ausdrücklich »an das Publicum, oder Niemand, den Kundbaren«.
⁾ Die Etymologisierung des Namens ›Ruskin‹ destruiert zugleich die Individualfunktion des Eigennamens.

Saturn und die Schweine

I have been writing these letters, not one of you has sent me a friendly word of answer; lastly, because, even if you were my friends, it would be waste print to call you so, once a month. Nor shall I sign myself ›faithfully yours‹ any more; being very far from faithfully my own, and having found most other people anything but faithfully mine. Nor shall I sign my name, for I never like the look of it; being, I apprehend, only short for ›Rough Skin,‹ in the sense of ›Pigskin‹ (and indeed, the planet under which I was born, Saturn, has supreme power over pigs), – nor can I find historical mention of any other form of the name, except one I made no reference to when it occurred, as that of the leading devil of four, – Red-skin, Blue-skin – and I forget the skins of the other two – who performed in a religious play, of the fourteenth century, which was nearly as comic as the religious earnest of our own century. So that the letters will begin henceforward without address; and close without signature. You will probably know whom they come from, and I don't in the least care whom they go to.*

---

* *CW* XXVII 417, Letter 24 (7. November 1872). Schon zuvor hatte Ruskin in einem seiner grandiosen Wutanfälle seine Zeitgenossen als »Fools« angesprochen. Ausgangspunkt war die verbreitete Euphorie über die Segnungen

Fors Clavigera

13

Die Wahl des vielstelligen Titels »Fors Clavigera« (behelfsweise manchmal mit ›Fortune with the Nail‹ übersetzt) richtete sich direkt gegen

der Photographie: »You think it a great triumph to make the sun draw brown landscapes for you. That was also a discovery, and some day may be useful. But the sun had drawn landscapes before for you, not in brown, but in green, and blue, and all imaginable colours, here in England. Not one of you ever looked at them then; not one of you cares for the loss of them now, when you have shut the sun out with smoke, so that he can draw nothing more, except brown blots through a hole in a box. There was a rocky valley between Buxton and Bakewell, once upon a time, divine as the Vale of Tempe; you might have seen the Gods there morning and evening – Apollo and all the sweet Muses of the light‚walking in fair procession on the lawns of it, and to and fro among the pinnacles of its crags. You cared neither for Gods nor grass, but for cash (which you did not know the way to get); you thought you could get it by what the *Times* calls ›Railroad Enterprise.‹ You Enterprised a Railroad through the valley – you blasted its rocks away, heaped thousands of tons of shale into its lovely stream. The valley is gone, and the Gods with it; and now, every fool in Buxton can be at Bakewell in half‚an‚hour, and every fool in Bakewell at Buxton; which you think a lucrative process of exchange – you Fools Everywhere.« *CW* XXVII 86, Letter 5 (Mai 1871), § 9.

Erläuterungen, verwischend

eingeschliffene Verständnisroutinen. Die Adres‑ saten der Briefe, die »Workmen and Labourers of Great Britain«, werden äußerst befremdet ge‑ wesen sein, mit diesem Titel konfrontiert zu wer‑ den. Viele hatten schon Probleme, sich ihn zu merken.* Erläuterungen Ruskins zu seinem se‑ mantischen Gehalt finden sich an vielen Stellen des Buches, in der Tendenz aber unterlaufen sie die Forderung nach konsistenter Bedeutung. Die Selbstkommentare verwischen – »not without design« – die Konturen des Begriffs.

Bezeichnend für die Wirkung von Ruskins Strategie einer Verwischung der Bedeutungs‑ grenze ist, daß Walter Severn, ein langjähriger Freund, noch 1875 (da gingen die »Fors«‑Briefe bereits in ihr viertes Jahr) um Verständnishilfe nachsuchte – obschon Ruskin zu diesem Zeit‑ punkt bereits mehrfach in den »Letters« den Ti‑ tel ›erläutert‹ hatte. Die Unbestimmtheit war nicht gewichen, und auch in seiner Antwort an Severn wählte Ruskin eine Paraphrase, die das,

---

* Cook notiert, daß bei George Allen, dem Drucker und zugleich Vertriebsleiter, Bestellungen von »Clara Fogio«, »Faws Cavongera« und dergleichen eingingen (Cooks Ausdruck für diese kuriosen Schreibungen ist »transmuta‑ tions«). Eine absichtliche Verballhornung war wohl »Fors Clavevinegar«. Eine Bestellung aus Österreich, adressiert nur an »Fors Clavigero, Kent«, erreichte – zur Freude Ruskins – problemlos ihren Empfänger (*CW* XXVII xix, Fn.2).

was sie erklären sollte, eher verdunkelte denn erhellte:

> The Fors is fortune, who is to the Life of Men what Atropos is to their death. Unrepentant, – first represented, I believe, by the Etruscans as fastening a nail into a beam with a hammer. (Jael to the Sisera of lost opportunity.) My purpose is to show, in the lives of men, how their Fortune appoints things irreversibly, while yet they are accurately rewarded for effort and punished for cowardice and folly.*

Die Diffusion in griechische (Atropos☾), römische (Fortuna) und etruskische Mythologie sowie deren Assoziation mit der Erzählung aus dem vierten Kapitel des biblischen Richter-Buches, das von der Ermordung des Feldhauptmanns der Kanaaniter, Sisera, durch Jael erzählt (Jael schlug dem schlafenden Feind einen Pflock durch die Schläfe),* unterläuft nicht ohne Absicht die Intention der Erläuterung. Die verschiedenen Vorstöße Ruskins, seinen Lesern den

---

* Der Brief Ruskins an Severn ist gedruckt in Walter Sharp, *The Life and Letters of Joseph Severn* (London 1892), 219.

☾ Das *alpha privativum* (A-TROPOS) hebt die Unabwendbarkeit hervor, die mit dieser Schicksalsgöttin – sie ist die älteste der drei Moiren – einhergeht.

★ Die Geschichte aus *Richter* 4,21f. wurde vielfach in der bildenden Kunst dargestellt.

Jael

polyvalenten Titel »Fors Clavigera« zu erklären (*ihn zu fixieren*), beziehen die jeweilige Semantik stets auf den aktuellen Kontext, in dem sie stehen, und zugleich auf die mitlaufende, aber für Außenstehende nur schemenhaft erkennbare Vorstellungswelt Ruskins* – das macht ihre Ergebnisse so proteushaft und ungreifbar, so anarchisch.

Diese Beobachtung kontrastiert auf den ersten Blick mit dem von Ruskin schon im zweiten Brief seiner Sammlung vorgestellten systematischen Grundriß der aufgefächerten Semantik.

---

* Ein längerer Abschnitt in »Praeterita« (*CW* XXXV 486f.) widmet sich der heftigen Kontroverse, die aus einer Auslegung der Sisera-Episode aus dem *Buch der Richter* und dem sich anschließenden Deborah-Lied (es feiert Jaels Tat und den dadurch ermöglichten Sieg der Israeliten über die Kanaaniter und ist eines der ältesten Stücke der hebräischen Bibel) hervorging. Die rationalistische Kritik an den ›primitiven‹ Vorstellungen dieses Triumphgesangs durch Frederick Maurice – einem christlichen Sozialisten und Gründer des 1854 eröffneten Londoner »Working Men's College« – führte zum Bruch mit dem College, an dem bis dahin auch Ruskin tätig war. Maurice hatte, ganz in der Tradion der Aufklärungstheologie, Jaels Tat als mehr oder weniger atavistische Handlung im Horizont eines barbarischen Gesellschafts- und Moralzustands charakterisiert. Zeugen, die bei dem Bibelkurs zugegen waren, berichteten – in Reaktion auf Ruskins eigene Zusammenfassung der Sitzung –, daß Ruskin unter Hinweis auf die ausdrückliche Rühmung Jaels im Deborah-Lied (*Richter* 5, 24–27) sehr aggressiv widersprochen habe. Zu den Einzelheiten vgl. Hilton, *John Ruskin*, 352–354.

Fors Clavigera

Ihm zufolge hatte ›Fors‹ die dreifache Bedeutung von ›force‹, ›fortitude‹ und ›fortune‹; das semantische Feld von ›Clavigera‹ war ebenfalls dreigeteilt in ›Club-bearer‹,* ›Key-bearer‹ and ›Nail-bearer‹.« Die drei Substantive korrespondierten, Ruskin zufolge, genau mit den drei Attributen. Ihre Kombination hatte zudem jede für sich einen Schutzheiligen und eine spezielle Domäne. Die Zusammenstellung von Kraft und Keulenträger war Herkules und der Tat zugeordnet; Stärke und Schlüsselträger gehörten zu Odysseus, als Domäne dieser ›Fors‹ machte

---

* Walter Scott hat in »The Antiquary« das Wort in diesem Sinn eingeführt. In Kapitel III wird Lovel »mit einer großen Keule oder vielmehr einem Streitkolben bekannt gemacht, der mit einer eisernen Spitze versehen war [...]. Es war den Stöcken sehr ähnlich, mit denen die Hochlandschnitter bei ihren jährlichen Wanderungen aus den Bergen auszuziehen pflegen; Herr Oldbuck war indeß stark geneigt, der Meinung beizupflichten, daß dieser Stock einer der Kolben gewesen sein möchte, mit denen die Mönche ihre Bauern ausrüsteten, woher, nach seiner Bemerkung, jene Leute auch *Kolbenkerle,* das heißt *Clavigeri* oder Keulenträger hießen.« Walter Scott, *The Antiquary.* Edited with an Introduction and Notes by Nicola J. Watson (Oxford 2002), 33f. (Übersetzung v. Benno Tschischwitz). Der Hinweis auf die Scott-Stelle bei Jeffrey L. Spear, *Dreams of an English Eden.* Ruskin and his Tradition in Social Criticism (New York 1984), 92. Scott ist der Autor, den Ruskin am häufigsten in »Fors Clavigera« mit Kommentaren und Erläuterungen bedenkt. Vgl. die Briefe 27, 29, 31, 32, 33, 34, 44, 47, 83 und 92.

« *CW* XXVII 28, Letter 2 (Februar 1871), § 2.

Zufall

Ruskin die Geduld aus; »Fors, the Nail-bearer« schließlich ›bedeutete‹ »the strength of Lycurgus, or of Law«.* Erste, zweite und dritte ›Fors‹ wird Ruskin sie manchmal in seinem Buch nennen, dann aber immer wieder, den systematischen Grundriß unterlaufend, zu Reinterpretationen greifen. Etwa, wenn er bei Gelegenheit eines zufälligen Lektürefundes❰ die erste ›Fors‹ mit »Courage« (und nicht mehr mit »Force«) identifiziert,* erst recht aber, wenn er in späteren Lieferungen sich überhaupt nur noch auf die dritte ›Fors‹ (›Chance‹) bezieht und – zweites System – diese dritte Macht, den ›Zufall‹, mit dem Fatum ineinssetzt. Dieses spaltet er wiederum in drei Bereiche auf, die er mit den drei Moiren (Parzen) Klotho, Lachesis und Atropos identifiziert.❱ Cook schreibt wohlwollend:

---

* Ebd.

❰ »It chanced by the appointment of the third Fors, to which, you know, I am bound in these letters uncomplainingly to submit [...]«. *CW* XXVII 270, Letter 15 (März 1872), § 14.

* Ebd., Fußnote: »Remember, briefly always, till I can tell you more about it, that the first Fors is Courage, the second Patience, the third Fortune.«

❱ Klotho erscheint dabei als »the fate which has power over the clue, thread, or connecting energy – that is, the conduct of life; Lachesis, the fate which ordains the chances that warp it; and Atropos, the inflexible, who cuts the thread for ever.« Cook in seinem Vorwort, *CW* XXVII xxi.

Fors Clavigera

> These three Fates are spoken of in several places as the first, second, or third Fors, and the reader who does not bear in mind this alternative numbering of them will be somewhat confused. At times, however, the two ideas seem to mingle.*

›At times‹ — eine andere Formulierung für ›by chance‹ ...

---

* Ebd.

Tychä liebt Technä

14

Auf die bislang nur unvollständig publizierten Notizhefte zu Beginn der sechziger Jahre mit ihren in Mornex begonnenen Aufzeichnungen zu Horaz geht das Interesse für die Verbindung von Zufall und Notwendigkeit zurück, die – jenseits der Diffusion des Titels – den Kern des Ruskinschen Schreibprozesses und die Methode der Darstellung in »Fors Clavigera« bestimmen.* In Brief 43 (Juli 1874), geschrieben aus

---

* »The conception had fastened itself, some years before, in Ruskin's mind. In a book containing notes upon Horace's Odes, made during his sojourn at Mornex in 1861–1863, he describes the design upon a bronze mirror-case, in some museum, which illustrates the poet's idea of Fate. The design is founded upon the last fates of Meleager, whose slaying of his mother's brothers was to work his own undoing. The designer tells the story by ›the figure (as Ruskin notes) of the death-goddess Atropos, who is on the point of driving a nail fast home with a hammer, the symbol of unalterably determined, or fixed, fate.‹« (*CW* XXVII xix). Die in den fünfziger Jahren des letzten Jahrhunderts publizierte Tagebuchedition von Joan Evans u. John Edward Whitehouse (Hrsg.), *The Diaries of John Ruskin*. 3 Bde. [I: 1835–1847; II: 1848–1873; III: 1874–1889] (Oxford 1956–1959), ließ – neben vielem anderen – auch die Notizen zu Horaz aus. Man kann ihre Bedeutung nur aus den fragmentarischen Mitteilungen der Vorworte Cooks in der

Tychä liebt Technä

»Rome, Corpus-Domini«, hat Ruskin gleich eingangs auf diese Inspiration durch Horaz hingewiesen:

> the current and continual purpose of *Fors Clavigera* is to explain the powers of Chance, or Fortune (Fors), as she offers to men the conditions of prosperity; and as these conditions are accepted or refused, nails down and fastens their fate for ever, being thus ›Clavigera,‹ – ›nail-bearing.‹ The image is one familiar in mythology: my own conception of it was first got from Horace, and developed by steady effort to read history with impartiality, and to observe the lives of men around me with charity. ›How you may make your fortune, or mar it,‹ is the expansion of the title.*

Die Horazstelle, auf die sich Ruskin mit seiner Erläuterung bezieht,⸲ findet sich im ersten Buch

---

»Library Edition« erahnen (etwa *CW* XXVII xix–xxii). Für eine Rekonstruktion der Ruskinschen Gedanken dürften diese Aufzeichnungen aber von beträchtlichem Wert sein. Immerhin existieren von Ruskins Hand zwei Werke (»Munera Pulveris« und eben »Fors Clavigera«), deren Titel mehr oder weniger direkt auf Horaz-Studien zurückgehen.

* *CW* XXVIII 106f., Letter 43 (Juli 1874), § 1.

⸲ Auch sie ist nicht als Ruskins gleichsam letztes Wort zur Bedeutung des Titels zu nehmen. Es gehört zur Programmatik des Textes, daß der Bezug von »Fors Clavigera« sich *nicht festnageln* läßt.

Antium

der Horazschen Odensammlung, in der 35. Ode. Zwar taucht hier der Name »Fortuna« nicht – wie noch in der unmittelbar voraufgehenden, mit ihr eng zusammenhängenden Ode – *expressis verbis* auf,* aber durch die Nennung der Stadt Antium, in der die Göttin Fortuna kultisch verehrt wurde,☾ ist der Adressat der anfänglichen Anrufung »O diva, gratum quae regis Antium« präzise angezeigt.★ Aus dem Reden *über* Fortuna in Ode 34 ist in der 35. ein Reden *zu ihr* geworden.

Die Ode – ein zehnstrophiges Gedicht in alkäischem Maß – ruft die Göttin um Schutz für Augustus an, der im Begriff ist, zu Feldzügen auf die britische Insel und zugleich gegen die Araber und Massageten zu rüsten.⁾ Das Bild der

---

* »hinc apicem rapax / Fortuna cum stridore acuto / Sustulit, hic posuisse gaudet.« (»von hier nimmt die räuberische Fortuna die Krone mit scharfem Flügelschwirren, dort freut sie sich, sie aufzusetzen«) *Oden* I 34, 14–16.

☾ Das war nicht häufig der Fall. Praeneste ist die einzige andere Stadt, von der wir etwas über einen Fortuna-Kult wissen.

★ »O Göttin, die du dein geliebtes Antium regierst«. Vgl. zum Zusammenhang Robin Nisbet u. Margaret Hubbard, *A Commentary on Horace: Odes. Book 1* (Oxford 1970), 387.

⁾ Die Datierung ist umstritten. Ebd. Die Exzesse des Bürgerkriegs (»heu, heu, cicatricum et sceleris pudet | fratrumque. quid nos dura refugimus | aetas? quid intactum nefasti | liquimus? [...]« »Wehe, wehe – der Narben und des Brudermords schämen wir uns, was haben wir – harte Generation – gescheut? Was blieb vor unserem Frevel unberührt?«, Vers 33–36) werden allerdings schon als weiter zurückliegend vom lyrischen Ich ausgesprochen.

Tychä liebt Technä

Fortuna als launischer, allesregierender* Göttin ist dabei – auch hier wieder in einigem Kontrast zu der vorhergehenden Ode – nur sehr schwach ausgebildet. Dafür verwendet Horaz eine beträchtliche Sorgfalt auf die Schilderung der allegorischen Gestalten, die die Göttin begleiten. Voranschreitet, gleichsam als *lictor*, die *Necessitas*, ihr folgen *Spes* und *Fides*. Vor allem die *Necessitas* hat Horaz mit auffallend vielen Attributen ausgestattet.

Lessing hat diese umständliche Beschreibung des Beiwerks der *Notwendigkeit* in einer langen

<blockquote>

Das Schwert ist bereits stumpf (»retusum [...] ferrum«; Vers 39f.). Ein zeitlicher Abstand zur Schlacht von Actium (31 v. Chr.) und erste Auswirkungen der Pax Augusta sind daher wahrscheinlich. Die Datierung auf 27 oder 26 v. Chr., wie sie immer wieder in der Forschung (Heinrich Düntzer [Hrsg.], *Des Q. Horatius Flaccus Oden und Epoden*. Erklärende Schulausgabe [Paderborn 1868], 79; Q. Horatius Flaccus, *Oden und Epoden*. Erklärt von Adolf Kiessling. Neunte Auflage. Besorgt von Richard Heinze. Mit einem Nachwort und bibliographischen Nachträgen von Erich Burck [Berlin 1958], 146; Hans Peter Syndikus, *Die Lyrik des Horaz*. Eine Interpretation der Oden. Band I: Erstes und zweites Buch [Darmstadt ³2001], 316) vorgeschlagen wird, halte ich für plausibler als die Nisbets und Hubbards, die 35 v. Chr. vorschlagen (*A Commentary on Horace: Odes. Book 1*, 387). Pläne des Augustus, in der Nachfolge Cäsars nach Britannien aufzubrechen, sind sowohl für das Jahr 34 v. Chr. als auch für die Jahre 27/26 v. Chr. bezeugt.

* Tatsächlich erscheint die Göttin in I 34 als höchste göttliche Macht. Vgl. zur herausgehobenen Stellung der Fortuna Syndikus, *Die Lyrik des Horaz*, 298.

</blockquote>

Necessitas und Fortuna

Fußnote des »Laokoon« kritisiert: »Te semper anteit saeva Necessitas | Clavos trabalis et cuneos manu | Gestans aena nec severus | Uncus abest liquidumque plumbum« (»Dir geht immer voran die schreckliche Notwendigkeit | Balkennägel und Keile in ihrer Hand | tragend, der ehernen, nicht die harte | Klammer fehlt noch das flüssige Beil«).⦅ »Man mag«, schreibt Lessing, »in dem Gemählde, welches Horaz von der Nothwendigkeit macht, und welches vielleicht das an Attributen reichste Gemählde bey allen alten Schriftstellern ist [...], die Nägel, die Klammern, das fließende Bley, für Mittel der Befestigung oder für Werkzeuge der Bestrafung annehmen, so gehören sie doch immer mehr zu den poetischen, als allegorischen Attributen. Aber auch als solche sind sie zu sehr gehäuft, und die Stelle ist eine von den frostigsten des Horaz.«* Eben deshalb aber hat sie auch schon immer besondere Aufmerksamkeit auf sich gezogen.

Das Ganze ist ganz offenkundig eine Übertragung aus dem Bereich des Bauens. Nägel, Klammern und Blei sind Materialien, die man

---

⦅ *Oden* I 35, Vers 17–20.

* Gotthold Ephraim Lessing, *Sämtliche Schriften*. Hrsg. v. Karl Lachmann. Dritte, auf's neue durchgesehene und vermehrte Aufl. besorgt durch Franz Muncker (Stuttgart, ab Bd. 12 Leipzig, ab Bd. 22 Berlin und Leipzig 1886–1913), IX 74, Fn.

Tychä liebt Technä

für die Fixierung ansonsten unverbundener Teile benötigt.* Im Bildbereich ist mit diesem Arsenal an Fixativen seit der ersten Übertragung bei Aischylos⟨ unabänderliche Schicksalsfügung angezeigt.* In der 24. Ode des dritten Buches wird das Bild der Nägel von Horaz weiter zugespitzt und auf die Unausweichlichkeit des Todes verdichtet: »Si figit adamantinos | Summis verticibus dira Necessitas | Clavos, non animum metu, | Non mortis laqueis expedies caput.« (»Wenn aber heftet eisenhart | in die höchsten Giebel die grause Notwendigkeit | ihre Nägel, nicht wirst du dann deinen Sinn von Furcht | nicht von des Todes Schlingen befreien das Haupt.«⟩) *Necessitas* ist auch Todesgöttin. Im Kopf der todgeweihten Person schlägt sie als Zeichen einen Nagel⁺ ein.**

---

* Syndikus, *Die Lyrik des Horaz,* 311: »Materialien, mit denen man die einzelnen Bauteile unverrückbar zusammenfügte.«

⟨ Aischylos, *Suppl.* 944f.

* Cicero verwendet es annähernd zeitgleich mit Horaz bereits sprichwörtlich: *Verr.* 5, 53.

⟩ *Oden* III 24, Vers 5–8 (Übersetzung Kytzler).

⁺ Römische Nägel konnten bis zu 40 cm lang sein, wie die Funde von Ian Richmond 1959 in Inchtuthil (Schottland) eindrücklich belegen. Richmond fand in dem römischen Fort ca. 800 000 Nägel.

** Syndikus, *Die Lyrik des Horaz,* 311.

PT   v.9
2396
.A1   Lessing
1886a   Gotthold Ephraim Lessings
          samtliche schriften

Drake Memorial Library
State University of New York
Brockport, N. Y. 14420

15

Die Fußnote Lessings lese ich in einem von der Drake Memorial Library der State University of New York, Brockport, N. Y. 14420, ausgemusterten Exemplar. Alle 23 Bände der Munckerschen Lessing-Ausgabe hatte die Bibliothek vor einiger Zeit abgestoßen. Die Frachtkosten waren größer als der Preis der Ausgabe. Ob jemand in Brockport bedauert hat, daß man die Muncker-Edition – bis heute die umfangreichste Lessing-Ausgabe und die zentrale Referenz der Lessing-Forschung – hat veräußern müssen, weiß ich nicht. Die *website* der Drake Memorial Library trauert heute, 6. Juli 2013, über die Einstellung des Google™-Readers und feiert eine digitale Tolstoi-Initiative, natürlich »available online for free.« Wie erbärmlich Schrift hier (wie fast überall) gedacht ist, davon zeugt die konsequente Falschschreibung von Apostroph und Anführungszeichen.

GoogleAdsense und Google+ führen Protokoll. Ein dreidimensionaler Lessing stört, wird zu Geld gemacht. Jetzt steht er in Heidelberg in meinem Bücherregal.

Im Regal

16

Der Ruskinsche Titel zieht *Fortuna* und *Necessitas* in Eines zusammen. Im Horaztext ist es gerade nicht die angesprochene *diva,* sondern ihre vorausschreitende Begleitung, die *Necessitas,* die die Nägel mit sich führt. Ruskin unterläuft die Differenz beider Mächte und deutet damit zugleich auf ein Konzept riskanten Schreibens, das sich verabschiedet von der Vorstellung, subjektzentrierte Planung und Kontrolle sei das Wichtigste. Es ist geöffnet auf das hin, was ihm unterwegs zustoßen kann, heißt den »Akut des Heutigen«* ausdrücklich willkommen – und integriert ihn in eine Schreibbewegung, die das Schreiben, wenn es gelingt, *post factum* als durch und durch schicksalhaft erweist. Oder, was genauso zutrifft: läßt seine Schreibbewegung Eingang finden in etwas, was man den Text der Welt nennen könnte. Der Zufall *wird* notwendig – aber erst nachdem und indem man ihm einen Ort im eigenen

---

* Paul Celan, *Der Meridian,* in: ders., Gesammelte Werke. Hrsg. v. Beda Allemann u. Stefan Reichert. 5 Bde. (Frankfurt am Main 1983), III 187–202; hier: 190.

Tychä liebt Technä

Schreiben eingeräumt hat.* Die Τύχη dieses Schreibens ähnelt der geheimen Lenkung einer Schlacht, die alle strategischen Planungen zunichte machen und kleine kontingente Ereignisse entscheidend werden lassen kann, die von menschlicher Phantasie nicht zu antizipieren waren.«

THE series of letters which closed last year were always written, as from the first they were intended to be, on any matter which chanced to interest me, and in any humour which chance threw me into. By the adoption of the title ›Fors,‹ I meant (among other meanings) to indicate this desultory and accidental character of the work; and to imply, besides, my feeling, that, since I wrote wholly in the interests of others, it might justifiably be hoped that the chance to which I thus submitted myself would direct me better than any choice or method of my own.*

---

* Die zugrundeliegende Dialektik ist nur unzureichend bestimmt, wenn Jeremy Tambling, *Fors Clavigera. Outside Chances, Posthumous Letters*, in: English 57 (2008), 213–232; hier: 231, schreibt: »The project of Fors, on the basis of Letters 13 and 43, is to show how an active response to what happens becomes destiny which must be passively endured.« Denn diese Passivität fällt mit höchster Aktivität unmittelbar zusammen.

« Caesar, *de bello gallico*, 6,30.

★ *CW* XXIX 315, Letter 85 (Januar 1878), § 1.

Frei heraus

Das heißt nicht nur, daß das schreibende Subjekt ein Bewußtsein davon hat, daß sein Schreiben ›klüger‹ zu sein vermag als es selbst. Es heißt vor allem, daß es sich von der gängigen Vorstellung intentional geleiteter Autorschaft befreit, sich emanzipiert hat von der autoritärpaternalistischen Struktur, die in ihr sich ausdrückt.* So – und nicht nur über die äußere Form des Briefes – wird es überhaupt erst zu einer wahrhaft freien persönlichen Mitteilung. »Frankly«.☾

In der Ausrichtung durchaus analog der Bewegung des Kafkaschen Schreibens, das zu einem bestimmten Zeitpunkt – der Niederschrift von »Das Urteil« in der Nacht vom 22. auf den

---

* Das spannungsvolle Verhältnis zwischen Ruskin und seinem Vater ist erst durch Viljoens Forschungen aufgedeckt worden. Vgl. hierzu James L. Spates, *John Ruskin's Dark Star. New Lights on His Life Based on the Unpublished Bibliographical Materials and Research of Helen Gill Viljoen*, in: Bulletin of the John Rylands University Library of Manchester 82 (2000), 135–191.

☾ Alle andere Form der Mitteilung hielt Ruskin in der Zeit von »Fors Clavigera« für Zeitverschwendung. Vgl. »I am blamed by my prudent acquaintances for being too personal; but truly, I find vaguely objurgatory language generally a mere form of what Plato calls σκιαμαχια, or shadowfight: and that unless one can plainly say, Thou art the man (or woman, which is more probable), one might as well say nothing at all. So I will frankly tell, without wandering into wider circles, among my own particular friends whose fault it is.« *CW* XXIX 175f., Letter 80 (August 1877), § 7.

23. September 1912 — mit traumartiger Klarheit davon abläßt, Kontrolle sein zu wollen, und diesen Verzicht, unter dem Eindruck des Blutsturzes von 1917 radikalisiert,* organisiert sich auch das Ruskinsche Schreiben nicht mehr um ein selbstgewisses Zentrum — es setzt dieses, exzentrisch und *en attaque,* mit jedem Brief neu aufs Spiel. Die Seele des Schreibenden eine Äolsharfe.« Schon 1849 hatte Ruskin in sein Tagebuch notiert: »the most successful books seem to have been planned as they went on.«*

Alles Schreiben ist hier in dem genauen Sinne von Hölderlins später Ode »Blödigkeit«⁾ mutiges *Gelegenheits*schreiben:

---

* Cf. RR, *Die Oxforder Oktavhefte 7 & 8 und die Zürauer Zettel.* Zur Einführung, in: Franz Kafka-Hefte 8 (2011), 3–16; hier: 7–16.

« Ein Bild, das schon Norton gebraucht hat: »It [Ruskins ›soul‹] was like an Æolian harp, its strings quivering musically in serene days under the touch of the soft air; but, as the clouds gathered and the winds rose, vibrating in the blast with a tension that might break the sounding-board itself.« Zitiert in *CW* XXVII xxv–xxvi.

* *CW* VIII xix.

⁾ Das Gedicht hieß zunächst noch »Muth des Dichters«, dann »Dichtermuth«. Erst in der Schlußredaktion legte sich Hölderlin auf den Titel »Blödigkeit« fest. Unter diesem Namen erschien es dann als fünfte Ode in der Reihe der »Nachtgesänge« 1804 in Wilmans' *Taschenbuch für das Jahr 1805.* Der Liebe und Freundschaft gewidmet, 82f.

Blödigkeit

Drum, mein Genius! tritt nur
Baar ins Leben, und sorge nicht!
Was geschiehet, es sei alles gelegen dir!*

Daß Ruskin, wo er von »Fors Clavigera« (als Buchvorhaben) spricht, konsequent auf Anführungszeichen und damit auf die Unterscheidung von Titel und Schreibpraxis verzichtet,☾ ist ein Signal: Ruskins Briefe verweisen nicht im Sinne eines äußerlichen Zeichenzusammenhangs auf die Fors, *sie ist selbst Resultat des Schreibens, Aussetzer eingeschlossen.*★

---

* Friedrich Hölderlin, *Sämtliche Werke.* Frankfurter Ausgabe [= *FHA*], Band 5, Oden II, hrsg. v. D. E. Sattler und Michael Knaupp (Frankfurt am Main, Basel 1984), 699.

☾ *CW* greift hier stillschweigend in den Text ein. Cf. Tambling, *Fors Clavigera,* 231: »It is not possible to decide between these two contraries: fate and chance, and the ambiguity is increased with the appreciation that the word Fors applies also to the letters of *Fors Clavigera,* which Ruskin regularly calls Fors, without even using speech-marks to distinguish the title of the text from the concept. (The Library edition does not preserve this point.) The writing becomes a Fors as well, and Ruskin pluralises this since he calls Fors both one letter [...] and a series of letters.«

★ Etwa: »I never yet sate down to write my Fors, or indeed to write anything, in so broken and puzzled state of mind as that in which, this morning, I have been for the last ten minutes idly listening to the plash of the the rain; and watching the workmen on the new Gothic school, which is fast blocking out the once pretty country view from my window.« *CW* XXIX 170, Letter 80 (August 1877), § 1. *CW* kursiviert *Fors.* Der Witz der Stelle ist coupiert.

17

Über die Beziehung von menschlicher Produktion und dem, was ihr ›von Außen‹ entgegen- und dazwischenkommt, ist früh schon nachgedacht worden. Die Denklinie durchkreuzend, die die Einwirkung des Zufalls vornehmlich destruktiv denkt – der Zufall ist ihr blind –, gibt es von Anfang an eine andere Auffassung, eine andere Wahrnehmung des Verhältnisses, die im Gegenteil die konstruktive Kooperation von Herstellung und τύχη betont. Ihren sprechendsten Ausdruck hat sie in dem Satz gefunden, den Aristoteles im sechsten Buch der »Nikomachischen Ethik« (1140a) aus einem nicht überlieferten, unbekannten Stück des in der Antike berühmten, heute vergessenen Tragödiendichters Agathon zitiert:

τέχνη τύχην ἔστερξε και τύχη τέχνην

Von Agathon existieren nur sehr wenige Zeugnisse. Daß er in der Hochzeit der attischen Polis ein bedeutender Zeitgenosse gewesen sein muß, läßt sich gut daran ablesen, daß der Rahmen des Platonischen »Symposion« die Feier ist, die Aga-

Symposion

thon veranstaltet, als er das erste Mal den Tragikerwettbewerb gewinnt. Das war im Jahre 416 v. Chr. Platon plaziert ihn – das vielleicht eine noch größere Auszeichnung als die Wahl des Dialograhmens – für das Gastmahl mit Sokrates und Alkibiades zusammen auf eine gemeinsame Liege.*

Olof Gigon übersetzt Agathons Vers mit »Die Kunst liebt den Zufall, und der Zufall die Kunst.«❰ Das ist wegen der Übersetzung von τέχνη mit ›Kunst‹ problematisch, geht es doch um praktisches Können im Allgemeinen, nicht um eines, das sich auf den engeren Bereich dessen beschränkt, was wir heute mit dem Wort ›Kunst‹ bezeichnen.* Und auch der Aorist ἔστερξε ist, wenn man ihn als ›liebt‹ übersetzt,

---

* Die elf Teilnehmer des Gastmahls teilen – mit der einzigen Ausnahme des genannten Trios – immer paarweise eine Liege.
❰ Aristoteles, *Die Nikomachische Ethik*. Griechisch-deutsch. Übersetzt von Olof Gigon, neu hrsg. v. Rainer Nickel (Düsseldorf, Zürich 2001), 244; Eugen Rolfes wiederholt das Verb: »Die Kunst den Zufall liebt, der Zufall liebt die Kunst«, in: Aristoteles, *Nikomachische Ethik*. Auf der Grundlage der Übersetzung von E. R. hrsg. v. Günther Bien (Hamburg 1985), 135; noch etwas freier Franz Dirlmeier: »Kunst liebt den Zufall, dieser wieder liebt die Kunst«, in: Aristoteles, *Nikomachische Ethik*. Übers. u. kommentiert v. F. D. [= Aristoteles. Werke in deutscher Übersetzung. Bd. 6] (Berlin 1979), 126.
★ Und schon gar nicht um das *Produkt* derselben (»die Kunst«).

Tychä liebt Technä

mißverständlich. Das Verb στέργειν hat im Griechischen einen spezifischeren Gebrauch und bezeichnet – die Belege bei Sophokles sind instruktiv* – etwa die Elternliebe zu ihren Kindern oder die Liebe zwischen Geschwistern. Sexuelle oder erotische Konnotationen sind marginal.« Das Moment des Sich-Kümmerns-um spielt hier eine starke Rolle.

Aristoteles' dem Zitat vorangehender Satz deutet das fragliche Verhältnis eigentümlich unkonkret: In gewissem Sinne (τρόπον) beträfen Kunstfertigkeit und Zufall »dasselbe« (τὰ αὐτά). Eben deshalb war diese Stelle auch seit ihrer Zirkulation kommentarbedürftig. Simplikios hat als Veranschaulichung des Gemeinten das Vermögen des Arztes mit Bezug auf die Gesundheit

---

* *Antigone*, Vers 277; *König Ödipus*, Vers 1023; *Ödipus auf Kolonos*, Vers 1526.

« Hegel hat an vielen Stellen auf diese Differenz hingewiesen, etwa mit Blick auf die »heilige Geschwisterliebe« der Antigone. Cf. etwa Georg Wilhelm Friedrich Hegel, *Ästhetik*. 2 Bde. hrsg. v. Friedrich Bassenge (Berlin, Weimar ³1976), I 229. Ausführlich im Abschnitt »Wahrer Geist« der »Phänomenologie«, in: ders., *Phänomenologie des Geistes*. Neu hrsg. v. Hans-Friedrich Wessels u. Heinrich Clairmont. Mit einer Einleitung v. Wolfgang Bonsiepen (Hamburg 1988), 298–300, wo er ›Liebe‹ zwischen Mann und Frau vom Verhältnis der Eltern zu ihren Kindern und dieses wiederum von der Liebe zwischen Geschwistern unterscheidet.

Unprogrammierbar

des Patienten herangezogen.* Selbst wenn der Arzt erfahren und kundig ist, muß etwas von ihm Unbeeinflußbares, etwas Unverfügbares zu seiner Behandlung hinzukommen, wenn der Patient gesunden soll. Gesundung kann nicht kausal herbeigezwungen werden. Leben ist – was immer heute auch von sich berufen Fühlenden behauptet werden mag – nicht programmierbar.

Schreibweisen, die sich vor dem Hintergrund des Agathonschen Satzes entfalten ließen, sind demnach solche, die sich ausgreifender Planung (Kontrollwahn) verweigern und auf die Geneigtheit dessen hoffen, auf das sie sich zubewegen und von dem sie noch nicht wissen können, was es ist. Sie sind, als experimentelle, grundsätzlich optimistischer denn konkurrierende Versuche etwa einer strategisch vorgehenden Programmpoesie mit ausgeführten *tableaux* und Vorzeichnungen. Der Wunsch, über alles vorweg schon Kontrolle zu haben und gar nicht erst zu unternehmen, was auch scheitern könnte, ist ja nichts anderes als der paßgenaue Revers tiefer heilloser Panik. Aus der Kritik dieser sich gegen Täuschungen wappnenden Haltung ist der Hegelsche Satz formuliert, die Furcht zu irren sei schon der Irrtum selbst.⟆

---

* Hinweis Dirlmeiers, in: *Nikomachische Ethik*, 448.
⟆ Hegel, *Phänomenologie des Geistes*, 58 (Einleitung).

Das heißt nicht, daß eigene Kunstfertigkeit nicht mit Blick auf Perfektion vorangetrieben werden sollte. Nur ist diese anzustrebende Perfektion in sich reflektiert. Sie weiß von Anfang an von ihrer Limitation und der Angewiesenheit auf das Geneigtsein einer glücklicherweise komplementären τύχη. Das macht solche Art von τέχνη dialogisch und offen – und ihre Produkte *(die dann eben nicht nur ihre mehr allein sind)* wahrhaft neu. Sie sind nicht schon vorher gewußt. Sie werden insbesondere nicht, dem kreativen Prozeß hinterherhinkend, nachträglich ›ausgeführt‹. Das macht sie zum genauen Gegenteil dessen, was bei einer Programmierung (einem *Vor*-Schreiben) herauskäme.

Agathons Vers selbst ist das beste Beispiel für die zugrundeliegende Beobachtung und die Einsicht, die sich in ihm ausspricht. So sehr sich in der chiastischen Struktur des Verses mit seiner kreuzweisen Durchdringung von Subjekt und Objekt ein technisch-rhetorisches Verfahren eines sein Metier beherrschenden Dichters manifestiert, so wenig hat doch das Subjekt, das ihn niedergeschrieben hat, einen Einfluß auf die lautliche Bildung der beiden Wörter τύχη und τέχνη gehabt, die den Gedanken gewissermaßen über die Gegebenheit – die *Gelegenheit* im Sinne der Hölderlinschen Ode »Blödigkeit« – der griechischen Sprache, die Alliteration und die Wiederholung des – chiastischen – χ dem Denken nahegebracht haben. Ein Hören mehr als ein Sprechen.

18

It has chanced, by help of the Third Fors (as again and again in the course of these letters the thing to my purpose has been brought to me just when I needed it), that having to speak of interest of money, and first of the important part of it consisting in rents, I should be able to lay my finger on the point of land in all Europe where the principle of it is, at this moment, doing the most mischief. But, of course, all our great building work is now carried on in the same way; nor will any architecture, properly so called, be now possible for many years in Europe. For true architecture is a thing which puts its builders to cost – not which pays them dividends. If a society chose to organize itself to build the most beautiful houses, and the strongest that it could, either for art's sake, or love's – either palaces for itself, or houses for the poor, – such a society would build something worth looking at, but not get dividends. True architecture is built by the man who wants a house for himself, and builds it

Wahre Architektur

to his own liking, at his own cost; not for his own gain, to the liking of other people.*

Pound kommt in Sicht.

---

* *CW* XXVIII 360, Letter 21 (September 1872), § 13.

19

Of the many things I have to say to you, it matters little which comes first; indeed I rather like the Third Fors to take the order of them into her hands, out of mine.*

Das Riskante, Sich-Ausliefernde des Ruskinschen Schreibens ist eindrücklich an zwei Typen sprachlicher Exzentrizität zu studieren, denen sich Ruskin methodisch überläßt. Da sind einmal die Passagen in »Fors Clavigera«, in denen die direkte Rede Ruskins durch den in ihr wirkenden Zorn immer mehr außer sich gerät und gewaltsam wird. Stellvertretend hierfür mag eine Passage gleich im ersten Brief stehen, in der Ruskin dem staunenden Leser die Hinfälligkeit der heute noch in den USA gebräuchlichen politischen Unterscheidung in Konservative und Liberale vorführt und die Provokation bis ins Extrem treibt. Man kann sich (bei der scheinbaren Liberalität unseres Zeitalters) fragen, ob heute solche gegen jeden *comment* gerichteten Zei-

* *CW* XXVIII 323, Letter 19 (Juli 1872), § 5.

len noch einen Verleger finden würden (von dem unzweifelhaften Interesse der NSA einmal ganz abgesehen):

> Consider, for instance, the ridiculousness of the division of parties into ›Liberal‹ and ›Conservative.‹ There is no opposition whatever between those two kinds of men. There is opposition between Liberals and Illiberals; that is to say, between people who desire liberty, and who dislike it. I am a violent Illiberal; but it does not follow that I must be a Conservative. A Conservative is a person who wishes to keep things as they are; and he is opposed to a Destructive, who wishes to destroy them, or to an Innovator, who wishes to alter them. Now, though I am an Illiberal, there are many things I should like to destroy. I should like to destroy most of the railroads in England, and all the railroads in Wales. I should like to destroy and rebuild the Houses of Parliament, the National Gallery, and the East end of London; and to destroy, without rebuilding, the new town of Edinburgh, the north suburb of Geneva, and the city of New York. Thus in many things I am the reverse of Conservative; nay, there are some long-established things which I hope to see changed before I die; but I want still to keep the fields of England green,

Tychä liebt Technä

and her cheeks red; and that girls should be taught to curtsey, and boys to take their hats off, when a Professor or otherwise dignified person passes by; and that Kings should keep their crowns on their heads, and Bishops their crosiers in their hands; and should duly recognize the significance of the crown, and the use of the crook.*

Es ist offensichtlich, daß nur jemand, der weiß, daß er nicht unbedingt von allen geliebt werden muß, so schreiben kann (»destroy, without rebuilding«). »Violent Tory«, »club-bearer«.❊

Der heftige, in Alliterationen einmündende★ Ausfall gegen Whistler, der Ruskin eine Klage wegen Beleidigung einbrachte – »I have seen, and heard, much of Cockney impudence before now; but never expected to hear a coxcomb ask two hundred guineas for flinging a pot of paint in the public's face.«⁾ – gehört ebenso in diesen

---

* *CW* XXVII 14f., Letter 1 (Januar 1871), § 4.

❊ Scott, *The Antiquary*, 34.

★ Die Alliterationen zeigen hier (wie oft bei Ruskin) an, daß er sich dem Fluß der Rede überläßt.

⁾ *CW* XXIX 169, Letter 79 (Juli 1877), § 11. – Zur Klage Whistlers gegen Ruskin vgl. neben Hilton, *John Ruskin*, 638f. u. 678–670; David Craven, *Ruskin vs. Whistler.* The Case against Capitalist Art, in: Art Journal 37 (1977/78), 139–143, und Adam Parkes, *A Sense of Justice.* Whistler, Ruskin, James, Impressionism, in: Victorian Studies 42 (1999/2000), 593–629.

Ausfall gegen Whistler

Zusammenhang wie jene beißenden Bemerkungen, die er über eine Zugfahrt 1872 von Venedig nach Verona macht:*

> After I had spent my morning over this picture,[₵] I had to go to Verona by the afternoon train. In the carriage with me were two American girls with their father and mother, people of the class which has lately made so much money, suddenly, and does not know what to do with it: and these two girls, of about fifteen and eighteen, had evidently been indulged in everything (since they had had the means) which western civilization could imagine. And here they were, specimens of the utmost which the money and invention of the nineteenth century could produce in maidenhood, – children of its most progressive race, – enjoying the full advantages of political liberty, of enlightened philosophical education, of cheap pilfered literature, and of luxury at any cost. Whatever money, machinery, or freedom of thought could do for these two children, had been done. No superstition had deceived, no restraint degraded them: – types, they could not but be, of

---

* *CW* XXVI 345 f., Letter 20 (August 1872), § 17 f.
₵ Gemeint ist Carpaccios »Traum der Heiligen Ursula«.

maidenly wisdom and felicity, as conceived by the forwardest intellects of our time.

And they were travelling through a district which, if any in the world, should touch the hearts and delight the eyes of young girls. Between Venice and Verona! Portia's villa perhaps in sight upon the Brenta, Juliet's tomb to be visited in the evening, – blue against the southern sky, the hills of Petrarch's home. Exquisite midsummer sunshine, with low rays, glanced through the vine-leaves; all the Alps were clear, from the Lake of Garda to Cadore, and to farthest Tyrol. What a princess's chamber, this, if these are princesses, and what dreams might they not dream, therein!

But the two American girls were neither princesses, nor seers, nor dreamers. By infinite self-indulgence, they had reduced themselves simply to two pieces of white putty that could feel pain. The flies and the dust stuck to them as to clay, and they perceived, between Venice and Verona, nothing but the flies and the dust. They pulled down the blinds the moment they entered the carriage, and then sprawled, and writhed, and tossed among the cushions of it, in vain contest, during the whole fifty miles, with every miserable sensation of bodily affliction that could make time intolerable. They were dressed in thin white frocks, coming vaguely open at the backs as they stretched or wriggled; they had French novels, lemons, and lumps of sugar, to beguile their state with; the novels hanging together by the ends of string that had once stitched them, or adhering at the corners in densely bruised dog's-ears, out of which the girls, wetting their fingers, occasionally extricated a gluey leaf. From time to time they cut a lemon open, ground a lump of sugar backwards and forwards over it till every fibre was in a treacly pulp; then sucked the pulp, and gnawed the white skin into leathery strings for the sake of its bitter. Only one sentence was exchanged, in the fifty miles, on the subject of things outside the carriage (the Alps being once visible from a station where they had drawn up the blinds).

›Don't those snow-caps make you cool?‹
›No – I wish they did.‹

And so they went their way, with sealed eyes and tormented limbs, their numbered miles of pain.

Bei der Lektüre solcher Passagen frage ich mich, was Ruskin heute zu so einer Fahrt geschrieben hätte. Mit *iPads*™, *smartphones* und dergleichen ›Errungenschaften‹, an die zu Antwortmaschinen heruntertechnisierte Menschen gekettet sind.

Tychä liebt Technä

20

Langsam, 2013, Juli, offenbart es sich allen, was es mit den *smartphones* auf sich hat. Erstaunlich, daß menschliche Wesen Freiheit für Bequemlichkeit tauschen.

Zuschriften

21

Auch die kontinuierliche Einbeziehung von Leserbriefen in die eigene Darstellung ist Teil jener riskanten Öffnung der »Fors«. Zunächst vollständig dem Außen zugeordnet, im Hinblick auf Autorschaft und Thematik immer schon ›zufällig‹,* werden sie von Ruskin in notwendige und integrale Bestandteile der riskanten sprachlichen Verlaufsform transformiert. Nicht alle dieser Zuschriften hat Ruskin publiziert. So fehlt etwa jene denkwürdige Antwort an J. Godfrey Gribble, der Ruskin am 8. Februar 1872 einen längeren Leserbrief geschrieben hatte. Der ungeschützte Zorn auf undialektisches und zugleich denunzierendes Denken ist hier ganz unmittelbar, deshalb sei er hier ausdrücklich zitiert.ℭ Gribble endete seinen Brief mit der provozierenden Frage:

---

* Leserzuschriften konnten damals noch nicht programmiert werden.

ℭ Ich kann das sehr gut nachempfinden, gab es doch auch Leute, die gegen »Ende der Hypnose« allen Ernstes einwendeten, ich hätte es doch selbst am Computer gesetzt.

> One more question. Since you disparage so much Iron and its manufacture, may it be asked how your books are printed, and how is their paper made? Probably you are aware that both printing and paper-making machines are made of that material.*

Ruskin erwiderte postwendend (10. Februar) aus Oxford:

> Sir, – I am indeed aware that printing and paper-making machines are made of iron. I am aware also, which you perhaps are not, that ploughshares and knives and forks are. And I am aware, which you certainly are not, that I am writing with an iron pen. And you will find in *Fors Clavigera*, and in all my other writings, which you may have done me the honour to read, that my statement is that things which have to do the work of iron should be made of iron, and things which have to do the work of wood should be made of wood; but that (for instance) hearts should not be made of iron, nor heads of wood – and this last statement you may wisely consider, when next it enters into yours to ask questions.«

---

* *CW* XXVII 258, Letter 14 (Februar 1872), § 14.
« Ebd., 258f.

Eisen

Es gibt hier keine vorauseilende Rücksicht auf ›Käufer‹, ›Kunden‹, keine Betriebswirtschaftslehre, die Kreide frißt, um die Leute besser ausnehmen zu können, keine *advertising*-Gesichtspunkte, kein Schielen auf das *image,* das man bei Lesern erzeugen will. Harsch.

22

Harsch, und dann doch auch wieder liebenswürdig: *der Liebe wert*. Denn die der »Fors Clavigera« eigentümliche Verschränkung von intentional geleitetem Schreiben und dem, was ihm – episodisch – dazwischenkommt,* findet sich auch in jenen langen, anrührenden Briefen, die – ganz aus einer konkreten Situation heraus geschrieben – die (scheinbar) kontingenten ›außertextuellen‹ Begebenheiten in die Bewegung des Textes aufnehmen und zugleich diese Spannung zwischen Innen und Außen zum Motor ihrer Artikulation machen. Ich setze ›außertextuell‹ in Anführungszeichen, denn die ›zufälligen‹ Realitätseinsprengsel erweisen sich – *Fors Clavigera* – im Durchgang durch Ruskins Darstellung als Bestandteile eines umfassenderen Textes, der über das von Menschen Geschriebene weit hinausreicht – »to any one who could read signs, either in earth, or her heaven and sea«.«

---

* Das macht sie, folgt man der von Celan in ganz anderem Zusammenhang vorgeschlagenen begrifflichen Unterscheidung, von Kunststücken zu Instanzen von Dichtung.

« *CW* XXVII 336, Letter 20 (August 1872), § 4.

Im »Crown and Thistle«

Der dritte Brief der »Fors« ist datiert auf den 1. März 1871 mit der Ortsangabe Denmark Hill (Ruskins Anwesen in London). Er mäandert durch eine Reihe scheinbar heterogener Themen. Episoden aus dem Leben Richard Löwenherz', Ludwigs des Heiligen, Charakterbilder; Probleme der modernen Ökonomie kommen in Sicht; Kritik an der allgegenwärtigen Werbeindustrie. Unterdessen (*unter diesem Schreiben*) verschieben sich unmerklich Zeitpunkt und Ort der Aufzeichnungen, die erste Niederschrift geht in Redaktion über. Ohne daß man genau zu sagen wüßte, wann, transformiert sich die Arbeit der Durchsicht in neuen Text.

Plötzlich sind wir im »Crown and Thistle«, dem von Ruskin oft als Domizil gewählten *inn* in Abingdon, 12 Kilometer südlich von Oxford.*
Ruskin in der Nähe des Fensters, reflektierend über eine Leserzuschrift, die für die Werbeindustrie – warb. Sarkastisch-schneidende Sätze über »the advertising business, designed, as it seems, on this loveliest principle of doing nothing that will be perilously productive«. Dann eine Erläuterung, warum er sich für »Fors« jeder Art von Werbung verweigert.

---

* Charakteristischerweise zog er während seiner Oxforder Zeit das »Crown and Thistle« die meiste Zeit den ihm zustehenden Räumen im Corpus Christi College vor.

Tychä liebt Technä

Schließlich das Eindringen der *Tychä* in den Text und seine Redaktion, eine scheinbar kontingente Intervention ›von Außen‹. Ein armer Kerl, der Schuhsohlen verkaufen will, macht sich vor dem Fenster als Ausrufer vernehmbar. Ruskin liest das als sprechendes Fragment, als Text der Welt und erläutert, was er von ihm versteht. *Die Frage, auf die er kommt und die er schließlich auch beantwortet, ist die danach, was letztlich zählt:*

> Respecting the general probity, and historical or descriptive accuracy, of advertisements, and their function in modern economy, I will inquire in another place. You see I use none for this book, and shall in future use none for any of my books; having grave objection even to the very small minority of advertisements which are approximately true. I am correcting this sheet in the ›Crown and Thistle‹ inn at Abingdon, and under my window is a shrill-voiced person, slowly progressive, crying, ›Soles, three pair for a shillin'.‹ In a market regulated by reason and order, instead of demand and supply, the soles would neither have been kept long enough to render such advertisement of them necessary, nor permitted, after their inexpedient preservation, to be advertised.

Schuhsohlenverkäufer

Of all attainable liberties, then, be sure first to strive for leave to be useful. Independence you had better cease to talk of, for you are dependent not only on every act of people whom you never heard of, who are living round you, but on every past act of what has been dust for a thousand years. So also does the course of a thousand years to come depend upon the little perishing strength that is in you.

Little enough, and perishing, often without reward, however well spent. Understand that. Virtue does not consist in doing what will be presently paid, or even paid at all, to you, the virtuous person. It may so chance; or may not. It will be paid, some day; but the vital condition of it, as virtue, is that it shall be content in its own deed, and desirous rather that the pay of it, if any, should be for others; just as it is also the vital condition of vice to be content in its own deed, and desirous that the pay thereof, if any, should be to others.«*

In solchen Passagen liegt die ganze Kraft, der ganze Zauber von Ruskins Prosa. Sie ist *liebenswert*.

---

* *CW* XXVII 49f., Letter 3 (März 1871), § 5.

23

Die Überkreuzung von intentional gerichteter Schreibbewegung und dem, was ihr ›von Außen‹, »by chance«, d.h. durch die ›dritte Fors‹, dazwischenkommt, findet sich auch – und vielleicht nirgends sonst in dieser auratischen Intensität – in Brief 20, datiert auf den 3.–5. Juli 1872, geschrieben in Venedig. Als Ruskin für eine spätere Ausgabe und in deutlichem Abstand zum Erstdruck den einzelnen Lieferungen Eigennamen gab, erhielt dieser Brief den sprechend mehrdeutigen Namen »Benediction« – d. i. nicht nur ›Segen‹ (vor dem Hintergrund der durchgängig in »Fors« verhandelten Differenz von »blessing« und »cursing«), sondern auch ›Diktion‹, die im Vollsinn ›gut‹ ist. Unter diesem Titel ist die im Juli 1872 geschriebene, im August publizierte »Fors«-Lieferung berühmt geworden.

Das lange, formal dreigeteilte Schreiben aus dem Hotel Danieli ist – in seinen »broken sentences«* – skandiert von zweierlei äußeren

---

* *CW* XXVII 342, Letter 20 (August 1872), § 13. Hier nur bezogen auf die mittlere Passage vom 4. Juli.

Verdammt

Interventionen, den Geräuschen eines Dampfschiffes und dem Schreien eines Verkäufers vor dem Palazzo Ducale, der verdorbene Feigen verkauft. Es beginnt, wie in dieser Zeit der »Fors« noch üblich, mit der Adressierung an die Freunde und kommt auf eine Formulierung zurück, die Ruskin im vorhergehenden Brief (ebenfalls aus Venedig) verwendet hatte: »MY FRIENDS, – You probably thought I had lost my temper, and written inconsiderately, when I called the whistling of the Lido steamer ›accursed.‹«* Und dann folgt ein ausführlicher, immer wieder durch das sich meldende ›Außen‹ unterbrochene Kommentar zu dieser Wortwahl. Sie reicht von sprachlichen Erläuterungen (zur Differenz von ›cursed‹ und ›accursed‹, aber auch zu den Performativen von Segnen, Fluchen und Schwören)

---

* Ebd., 334, § 1. Der Fluch des vorangehenden Briefes bezog sich bereits auf eine Unterbrechung: »My letter will be a day or two late, I fear, after all; for I can't write this morning, because of the accursed whistling of the dirty steam-engine of the omnibus for Lido, waiting at the quay of the Ducal Palace for the dirty population of Venice, which is now neither fish nor flesh, neither noble nor fisherman; – cannot afford to be rowed, nor has strength nor sense enough to row itself; but smokes and spits up and down the piazzetta all day, and gets itself dragged by a screaming kettle to Lido next morning, to sea-bathe itself into capacity for more tobacco.« (ebd., 328) Aber auch das Nicht-Schreiben-Können ist in diesem Horizont eine Wirkung der dritten »Fors«: »Yet I am grateful to the Third Fors for stopping my revise« (ebd.).

über theologische Exkurse (mit einer gegenüber der kirchlichen Tradition* verblüffenden Hochschätzung des Jakobus-Briefs℄) bis hin zur Exegese des für Ruskin so bedeutsamen Carpaccio-Bildes von der träumenden Ursula.

Die Einbeziehung des ›Außen‹ als Konstellation zweier kommunizierender Übel oder – umgekehrt – dessen Einwanderung in Ruskins Schreiben beginnt in folgendem Passus:

* »for the Church of Christendom has always ignored this text altogether, and appointed the same persons in authority to deliver, on all needful occasions, benediction or malediction, as either might appear to them due; while our own most learned sect, wielding State power, has not only appointed a formal service of malediction in Lent, but commanded the Psalms of David, in which the blessing and cursing are inlaid as closely as the black and white in a mosaic floor, to be solemnly sung through once a month.« Ebd., 335, § 2.

℄ *Jakobus-Brief* 3,9–10 – »the saying of St. James about the tongue« – wird ausdrücklich zitiert (*CW* XXVII 334): »Therewith bless we God, and therewith curse we men; out of the same mouth proceedeth blessing and cursing. My brethren, these things ought not so to be.« (durch Ruskin leicht veränderte Übersetzung der King James Version) (»Durch sie loben wir Gott [...], und durch sie fluchen wir den Menschen. [...] Aus einem Munde geht Loben und Fluchen. Es soll nicht, liebe Brüder, also sein.«, zitiert nach der Luther-Übersetzung von 1912). Die Zunge wurde einen Vers zuvor von Jakobus als unzähmbares Böses markiert: »But the tongue can no man tame; it is an unruly evil, full of deadly poison.« (»aber die Zunge kann kein Mensch zähmen, das unruhige Übel, voll tödlichen Giftes.«)

Now, there is a little screw steamer just passing, with no deck, an omnibus cabin, a flag at both ends, and a single passenger; she is not twelve yards long, yet the beating of her screw has been so loud across the lagoon for the last five minutes, that I thought it must be a large new steamer coming in from the sea, and left my work to go and look.

Before I had finished writing that last sentence, the cry of a boy selling something black out of a basket on the quay became so sharply distinguished above the voices of the always debating gondoliers, that I must needs stop again, and go down to the quay to see what he had got to sell. They were half-rotten figs, shaken down, untimely, by the midsummer storms: his cry of ›Fighiaie‹ scarcely ceased, being delivered, as I observed, just as clearly between his legs, when he was stooping to find an eatable portion of the black mess to serve a customer with, as when he was standing up. His face brought the tears into my eyes, so open, and sweet, and capable it was; and so sad. I gave him three very small halfpence, but took no figs, to his surprise: he little thought how cheap the sight of him and his basket was to me, at the money; nor what this fruit

›that could not be eaten, it was so evil,‹[*]
sold cheap before the palace of the Dukes
of Venice, meant, to any one who could read
signs, either in earth, or her heaven and sea.

Die apokalyptischen »signs« dieses ›realen‹ Textes werden Jahre später in der Februarlieferung der »Fors« von 1877 unter Verweis auf Gesetzgebungen des alten Venedig (1516, 1518, 1523 und 1545), die einen vergleichbaren Verkauf von »half-rotten figs« ausschlossen, ausführlich erläutert. Dabei ist bezeichnend, daß nicht nur die Zeit, sondern auch der Ort zum genauen Textsinn der Wirklichkeit gehört. Die Wirklichkeit selbst ist emblematisch:

> My boy with his basket of rotten figs *could* only sell them in front of the sculpture of Noah, because all the nobles had perished from Venice, and he was there, poor little costermonger, stooping to cry fighiaie between his legs, where the stateliest lords in Europe were wont to walk, erect enough, and in no disordered haste. (Curiously, as I write this very page, one of the present authorities in progressive Italy, progressive without either

---

* Ruskin zitiert *Jeremias* 24,3: »Then said the LORD unto me, What seest thou, Jeremiah? And I said, Figs; the good figs, very good; and the evil, very evil, that cannot be eaten, they are so evil.« Vgl. *Jeremias* 24,8.

halbverfaulte Früchte

legs or arms, has gone whizzing by, up the canal, in a steam propeller, like a large darting water beetle.) He *could* only sell them in that place, because the Lords of Venice were fallen, as a fig tree casteth her untimely figs; and the sentence is spoken against them, ›No man eat fruit of thee, hereafter.‹[*] And he could only sell them in Venice at all, because the laws of the greater Lords of Venice who *built* her palaces are disobeyed in her modern liberties.«

Das Bild des Feigenverkäufers mit seinen halb-verfaulten Früchten – Ruskin selbst unterläuft es, handelnd, durch die Weigerung, die Feigen anzunehmen* – hat, wie sich an seiner innertextuellen Langzeitwirkung zeigt, eine symptomhafte Bedeutung im Mosaik der »Fors«-Lieferungen. Es ist apokalyptisch. Komplementär dazu gehört die im »Steam-whistle«⟩ des Dampfboots präsente Zerstörung von Konzentration und Zu-

---

* *Apokalypse* 6,13.
« *CW* XXIX 37, Letter 74 (Februar 1877), § 10.
* Kemp, *John Ruskin,* 344–352; insbesondere: 348f., hat eine sehr genaue Interpretation der Passage gegeben, die in den Satz einmündet: »Ruskin ›liest‹ den Straßenjungen und seine Früchte als Zeichen des erneuerten biblischen Fluchs, als apokalyptische Verweisung.« (348). Die Aktivität des ›Lesenden‹ wird von ihm nur gestreift.
⟩ Ruskin schreibt das Kompositum nicht selten mit großem Anfangsbuchstaben.

Tychä liebt Technä

sammenhang. Ruskins Text fängt die Unterbrechungen des Schreibens durch die schrille Dampfpfeife auf, indem er sie in sich integriert, oder umgekehrt: die nach ›Außen‹ hin geöffnete Form von Textualität ist in sich so reich, daß sie auch noch den ohrenbetäubenden Lärm der Moderne aufnehmen kann. Der Leser wird in die Lage versetzt, »to form an accurate idea, from this page, of the intervals of time in modern music.«*

Die sich in sich zusammenschließende Bewegung der Welt des Textes und des Textes der Welt geschieht vor dem Hintergrund der beiden Fragen,

> how it happens that cursing seems at present the most effectual means for encouraging human work; and whether it may not be conceivable that the work itself is of a kind which any form of effectual blessing would hinder instead of help. Then, secondly, I want you to consider what faith in a spiritual world is involved in the terms of the curse we usually employ. It has two principal forms: one complete and unqualified, ›God damn your soul,‹ implying that the soul is there, and that we cannot be satisfied with less than its destruc-

---

* *CW* XXVII 341, Letter 20 (August 1872), § 12.

Kaffee

tion; the other, qualified, and on the bodily members only, ›God damn your eyes and limbs.‹ It is this last form I wish especially to examine.*

Was folgt ist eines der faszinierendsten Stücke englischer Sprache. Alles wird hier sprechend (»hard ecclesiastical reading«⊄ der ›Wirklichkeit‹), bis hin zum Datum des 4. Juli (das in den Amerikanerinnen des letzten Briefabschnitts verkörperte Prinzip ist hier schon präsent); dem Ort zwischen dem zum Arsenal führenden Kanal und der Erlöserkirche; dem siebten Posaunenklang eines nun nicht mehr auszumachenden Schiffes (ausdrücklich spricht Ruskin davon, es komme von »outside«), nach dem man tatsächlich zu zählen aufhören kann;* und dem durch eben die lauten Schiffe aus der Ferne transportierten Genußmittel (»here's my coffee, and I must stop writing«)⁾:

---

* Ebd., 340.
⊄ Ruskin verwendet diesen Ausdruck für genaues Lesen in seinem neben den »Stones of Venice« bedeutendsten Venedig-Text »St. Mark's Rest« (*CW* XXIV 229). Er schrieb das Buch parallel zu »Fors Clavigera«.
* *Apokalypse* 11,15.
⁾ Der Verweis ist vor dem Hintergrund jener »bottle of ›Moutarde diaphane‹ from Bordeaux« zu lesen, deren Distribution Ruskin in Brief 19 Anlaß gab, die ökonomischen und ökologischen Zusammenhänge zu kritisieren, die ihm diesen Senf zu einem Essen nach Verona ver-

Tychä liebt Technä

Again, with regard to the limbs, or general powers of the body. Do you suppose that when it is promised that ›the lame man shall leap as an hart, and the tongue of the dumb sing‹ – (Steam-whistle interrupts me from the Capo d'Istria, which is lying in front of my window with her black nose pointed at the red nose of another steamer at the next

> mitteln: »MY FRIENDS, – What an age of progress it is, by help of advertisements! No wonder you put some faith in them, friends. In summer, one's work is necessarily much before breakfast; so, coming home tired to-day, I order a steak, with which is served to me a bottle of ›Moutarde Diaphane,‹ from Bordeaux. | What a beautiful arrangement have we here! Fancy the appropriate mixture of manufactures of cold and hot at Bordeaux – claret, and diaphanous mustard! Then the quantity of printing and proclamation necessary to make people in Verona understand that diaphanous mustard is desirable, and may be had at Bordeaux. Fancy, then, the packing, and peeping into the packages; and porterages, and percentages on porterages; and the engineering, and the tunnelling, and the bridge-building, and the steam whistling, and the grinding of iron, and raising of dust in the Limousin (Marmontel's country), and in Burgundy, and in Savoy, and under the Mont Cenis, and in Piedmont, and in Lombardy, and at last over the field of Solferino, to fetch me my bottle of diaphanous mustard! | And to think that, besides paying the railway officers all along the line, and the custom-house officers at the frontier, and the original expenses of advertisement, and the profits of its proprietors, my diaphanous mustard paid a dividend to somebody or other, all the way here!« Ruskinscher Humor beschließt dieses Lehrstück: »I wonder it is not more diaphanous by this time!« *CW* XXVII 320f., Letter 9 (Juli 1872), § 1.

pier. There are nine large ones at this instant,
– half-past six, morning, 4th July, – lying between the Church of the Redeemer and the
Canal of the Arsenal; one of them an iron-
clad, five smoking fiercely, and the biggest,
– English and half a quarter of a mile long,
– blowing steam from all manner of pipes
in her sides, and with such a roar through
her funnel – whistle number two from Capo
d'Istria – that I could not make any one hear
me speak in this room without an effort), –
do you suppose, I say, that such a form of
benediction is just the same as saying that
the lame man shall leap as a lion, and the
tongue of the dumb mourn? Not so, but a
special manner of action of the members is
meant in both cases: (whistle number three
from Capo d'Istria; I am writing on, steadily, so that you will be able to form an accurate idea, from this page, of the intervals of
time in modern music. The roaring from the
English boat goes on all the while, for bass to
the Capo d'Istria's treble, and a tenth steamer comes in sight round the Armenian Mon-
astery) – a particular kind of activity is meant,
I repeat, in both cases. The lame man is to
leap, (whistle fourth from Capo d'Istria, this
time at high pressure, going through my head
like a knife) as an innocent and joyful crea-

Tychä liebt Technä

ture leaps, and the lips of the dumb to move melodiously: they are to be blest, so; may not be unblest even in silence; but are the absolute contrary of blest, in evil utterance. (Fifth whistle, a double one, from Capo d'Istria, and it is seven o'clock, nearly; and here's my coffee, and I must stop writing. Sixth whistle – the Capo d'Istria is off, with her crew of morning bathers. Seventh, – from I don't know which of the boats outside – and I count no more.)*

Alles, was Ruskin hier schreibt, ist zugleich eine Selbstbeschreibung der Artikulation im Körper der Sprache selbst, »with regard to the limbs, or general powers of the body«. »Das bist du ganz in deiner Schönheit *apocalyptica*.« (Hölderlin, Kolomb ⟨)

---

* *CW* XXVII 341f., Letter 20 (August 1872), § 12.
⟨ Friedrich Hölderlin, *Homburger Folioheft*. Faksimile Edition. Hrsg. v. D. E. Sattler u. Emery E. George (Frankfurt am Main 1986), 81.

Geduld

24

Ruskin hatte ein genaues Bewußtsein davon, daß »Fors« erst *mit der Zeit* ihre Wirkung (›force‹) würde entfalten können. Brief 36 vom Dezember 1873 blickt reflektierend auf die vergangenen drei Jahre und die öffentliche Resonanz zurück, die die *Letters* inzwischen gefunden haben. Ruskin hält hier (mit einer charakteristischen Invektive gegen den vermeintlichen Einfluß John Stuart Mills auf die Leserschaft) nicht nur fest, daß man bei der Wirkung eines Buches ebenfalls auf die Mithilfe der dritten ›Fors‹ in Gestalt der Zeit angewiesen ist (subjektiv heißt das: auf Geduld). Es kommt auch zu einer instruktiven methodischen Beschreibung seines Verfahrens:

> I mean […] to persist in my own method; and to allow the public to take their time. One of their most curiously mistaken notions is that they can hurry the pace of Time itself, or avert its power. As to these letters of mine, for instance, which all my friends beg me not to write, because no workman will understand them now; – what would have

been the use of writing letters only for the men who have been produced by the instructions of Mr. John Stuart Mill? I write to the labourers of England; but not of England in 1870–73. A day will come when we shall have men resolute to do good work, and capable of reading and thinking while they rest; […] and then they will find my letters useful, and read them. And to the few readers whom these letters now find, they will become more useful as they go on, for they are a mosaic-work into which I can put a piece here and there as I find glass of the colour I want; what is as yet done being set, indeed, in patches, but not without design."*

Im Bild vom »mosaic‑work«, in das *diskontinuierliche* (›patches‹), *zu findende, aufzulesende* (also nicht vom Subjekt vorherzusehende, gar zu planende«) Stücke eingefügt werden, koinzidieren, sich ausbalancierend, die textuellen Aspekte von Struktur und Prozeß. Sie sind nicht gegeneinander auszuspielen. Keiner von beiden *herrscht,* und d. h. vor allem: Es gibt keine präformierte Statik, die den ganzen Bau des Buches dominierte, nur ein »design«, eine umrißhafte Vorzeichnung. Als konkrete Einheit kommt das Ganze nicht eher

---

* *CW* XXVII 669, Letter 36 (Dezember 1873), § 2.
《 Nur die Farbe ist Auswahlkriterium.

Mosaik

vor Augen, bis der volle Kreis des Darzustellenden durchschritten ist, im Fall von »Fors Clavigera« heißt das: nie. Atropos hatte zuvor eingegriffen. Das ist der Preis, den das Buch – mit ihm Ruskin – für seine Öffnung auf die Zeit hin gezahlt hat. Zugleich macht das seinen unvergleichlichen Wert aus.

Fixed Price

25

Es ist nur scheinbar paradox, daß das auf Amal,
gamierung mit der τύχη hin geöffnete Schreiben
in seiner Distribution und seiner Erscheinungs,
form auf dem Buchmarkt von seinem Autor zu,
gleich mit der denkbar größten Markierung von
Publikationsautonomie versehen wurde.* Die Er,
fahrung dieses Schreibens war zugleich Werter,
fahrung. Es galt, deren Bedeutung gegenüber der
allesverrechnenden Gesellschaft, in die hinein
das Buch geschrieben wurde, zur Geltung zu
bringen. Der in den ersten 20 Briefen auf Seite 2,

---

* War geschrieben, was zu schreiben war, war es auch
zugleich so befestigt, »that nothing shall be moved.«
CW XXVII 231, Letter 13 (Januar 1872), § 2. Das
schloß das Aufspießen der »extreme follies« der Gegen,
wart nicht aus: »By calling it the ›Nail bearer,‹ I mean
not only that it fastens in sure place the truths it has to
teach (January, 1872), but also, that it nails down as on
the barn,door of our future homestead, for permanent
and picturesque exposition, the extreme follies of which it
has to give warning: so that in expanded heraldry of beak
and claw, the spread, or split, harpies and owls of modern
philosophy may be for evermore studied, by the curious,
in the parched skins of them.« *CW* XXIX 14, Letter 73
(Januar 1877), § 2; vgl. ebd., 199; 379.

Fixed Price

dann auf der hinteren äußeren Umschlagseite (der U4) unter der Überschrift ›Advertisement‹ stehende Text erklärte rundheraus:

> For reasons which will be explained in the course of these Letters, the Author[*] wishes to retain complete command over their mode of publication.
>
> For the present, they will be sold only by Mr. G. Allen, Heathfield Cottage, Keston, Kent.
>
> They will be sold for Sevenpence each, without abatement on quantity, and forwarded, post paid, on remittance of the price of the number required, to any place in the United Kingdom.
>
> I send a copy to each of the principal journals and periodicals, to be noticed or not, at their pleasure: otherwise I shall use no advertisements.«

»Complete command« des Autors über das Buch, das hieß konkret dreierlei: Festsetzung (1) der Ausstattung, (2) der Art der Werbung und schließlich (3) des Preises. Ruskin hatte den festen Willen, keinen Kompromiß einzugehen.

---

* Von Brief 6 an hat Ruskin die dritte Person aufgegeben und schreibt hier »I wish«, cf. *CW* XXVII 11, Fn. 1.

« Ebd.

26

Warum so große Sorgfalt auf die Ausstattung gelegt wurde, erläuterte Ruskin in *Letter* 6 (Juni 1871). Die Qualität der Verarbeitung seines Buches war zugleich die materielle Manifestation jener Ethik der Produktion, die im Hintergrund von »Fors Clavigera« stand. Sie richtete sich vor allem gegen die billig und unprofessionell hergestellten Publikationen der Zeit (inklusive deren Gehirnwäschen). Strikt wurde das publizistische Dogma abgelehnt, man müsse die Leser irgendwo ›abholen‹. Ruskin war der Meinung, sie müßten, wollten sie etwas lernen, sich schon selbst in Bewegung setzen:

> I am not in the least minded to compete for your audience with the ›opinions‹ in your damp journals, morning and evening, the black of them coming off on your fingers, and – beyond all washing – into your brains. It is no affair of mine whether you attend to me or not; but yours wholly; my hand is weary of pen-holding – my heart is sick of thinking; for my own part, I would not write you these

Fixed Price

pamphlets though you would give me a barrel of beer, instead of two pints, for them:[*] – I write them wholly for your sake.«

Gut gedruckt (»well printed«*) sollte das Buch sein, auf creme‑farbenem Papier (um zu verhin‑ dern, daß die Augen durch die Erhöhung des Kontrasts schnell ermüden),» gut gebunden (»well bound«⁺) und mit einem großen unteren Rand, damit man bei Bedarf in das Buch auch komfortabel hineinschreiben könnte:

* Zum Verständnis dieser Wendung vgl. den sarkasti‑ schen Passus *CW* XXVII 99, Letter 6 (Juni 1871), § 2: »Therefore, I choose that you shall pay me the price of two pots of beer, twelve times in the year, for my advice, each of you who wants it. If you like to think of me as a quack doctor, you are welcome; and you may consider the large margins, and thick paper, and ugly pictures of my book, as my caravan, drum, and skeleton. You would probably, if invited in that manner, buy my pills; and I should make a great deal of money out of you; but being an honest doc‑ tor, I still mean you to pay me what you ought.«
« Ebd., 100, § 3.
* Ebd.
» Wenn man das Gros der heutigen angloamerikanischen Druckprodukte mit ihrer gedankenlosen Verwendung kalt‑blauweißen Papiers anschaut, ist der Verrat jeden ästhetischen Anspruchs und die Mißachtung sowohl des Produkts als auch seiner Käufer in der Buchgestaltung offensichtlich. Irre haben die Produktion übernommen. Kein Wunder, daß sie schließlich damit zufrieden sind, nur noch eine Datei ›herzustellen‹. Das ist das vorgezeich‑ nete *telos* der Bewegung.
⁺ *CW* XXVII 100, Letter 6 (Juni 1871), § 3.

Ausstattung

> I choose that you shall have them decently printed on cream-coloured paper, and with a margin underneath, which you can write on, if you like. That is also for your sake: it is a proper form of book for any man to have who can keep his books clean;[*] and if he cannot, he has no business with books at all.«

Vom »business with books« ausgeschlossen war auch die Werbung. Das *annonçement* auf Seite 2 machte drei Jahre lang das äußerste Zugeständnis, zu dem sich Ruskin hier noch verstand: der Zusendung von Freiexemplaren an die »principal journals and periodicals«. Mit Brief 38 vom Februar 1874 war auch damit Schluß. Ruskin reagierte – *fors clavigera* – auf eine Anfrage:

> I finish with copy of a bit of a private letter to the editor of an honestly managed country newspaper, who asked me to send him Fors.
> ›I find it – on examining the subject for these last three years very closely – necessary to defy the entire principle of advertisement; and to make no concession of any kind whatsoever to the public press – even in the minutest particular. And this year I cease sending

---

* Eine doppeldeutige Formulierung. ›To keep the books clean‹: seriöse Buchhaltung.
« Ebd.

Fixed Price

Fors to any paper whatsoever. It must be bought by every one who has it, editor or private person.

If there are ten people in ---- willing to subscribe a penny each for it, you can see it in turn; by no other means can I let it be seen. From friend to friend, or foe to foe, it must make its own way, or stand still, abiding its time.*

Die Kritik an der modernen Praxis universaler Vermarktung durch Werbung reicht in »Fors« weit zurück. Ruskin hat ihr im 21. Brief – er erhielt später den gar nicht nett gemeinten Titel »Dividend« – den ihr gebührenden Platz eingeräumt. Der Brief, publiziert im September 1872, ist in seinem Eingang datiert auf »Dulwich, 10th August«. Nach einem Absatz rückt Ruskin aber ein Schreiben vom 10. Juni aus Florenz ein, in dem er sich mit einer Zuschrift eines Lesers auseinandersetzt, der sich selbst als »one who is emphatically a workman« bezeichnet und sein Unverständnis darüber zum Ausdruck gebracht hatte, daß Ruskin keine Anstrengung unternahm, seine Bücher bekannt zu machen. Er klagte:

* *CW* XXVIII 42, Letter 38 (Februar 1874), § 16.

Gegen Vermarktung

Your *Fors* series of letters are almost unknown to those to whom you have addressed them. I heard of them six months after their commencement, because some ›able editor‹ was short of copy, and endeavoured to be clever at your expense. Sir, I hope you will reconsider this matter, – what possible harm could it do to simply announce the publication of a volume or a letter in a few news-papers or magazines? It is certainly a mistake that the knowledge of a newly-issued volume should depend upon the exigencies of foolish editors or the popular relish for their highly-spiced rubbish.*

Die Antwort Ruskins holte weit aus und brachte seine eigentümliche Stellung zu den ökonomischen Dogmen seiner (diesbezüglich auch unserer) Zeit auf den Punkt. Es war ein Plädoyer für die Macht der Arbeit eines widerständigen, exzentrischen Individuums gegen die Zwänge eines ganz und gar äußerlichen Außen. Daß es allein nichts ausrichten könne, hielt Ruskin nur für den Effekt von Propaganda, die es auf die Ohnmachtsgefühle der Betroffenen absah:

---

* Ruskin druckte den anonymen Brief im Anhang des 21. Briefs. *CW* XXVII 369f., Letter 21 (September 1872).

> In the first place, my correspondents write under the conviction, – a very natural one, – that no individual practice can have the smallest power to change or check the vast system of modern commerce, or the methods of its transaction.
>
> I, on the contrary, am convinced that it is by his personal conduct that any man of ordinary power will do the greatest amount of good that is in him to do; and when I consider the quantity of wise talking which has passed in at one long ear of the world, and out at the other, without making the smallest impression upon its mind, I am sometimes tempted for the rest of my life to try and do what seems to me rational, silently; and to speak no more.

Ruskin weist dann den anonymen Leser auf den Widerspruch hin: man könne nicht gegen ›advertisement‹ Front machen und zugleich selbst Werbung treiben: »you would have passed by my statement contemptuously, as one in which I did not believe myself.« Tatsächlich aber habe gerade seine Weigerung, Werbung zu schalten, Leser überall neugierig gemacht. Und dann folgt ein Hinweis, wie ins Heute unserer Leseerfahrung hineinfahrend:

Rat

You ought to read books, as you take medicine, by advice, and not advertisement. Perhaps, however, you *do* take medicine by advertisement, but you will not, I suppose, venture to call that a wise proceeding? Every good physician, at all events, knows it to be an unwise one, and will by no means consent to proclaim even his favourite pills by the town-crier. But perhaps you have no literary physician, – no friend to whom you can go and say, ›I want to learn what is true on such a subject – what book must I read?‹ You prefer exercising your independent judgment, and you expect me to appeal to it, by paying for the insertion in all the penny papers of a paragraph that may win your confidence. As, for instance, ›Just published, the –th number of *Fors Clavigera*, containing the most important information on the existing state of trade in Europe; and on all subjects interesting to the British Operative. Thousandth thousand. Price 7d. 7 for 3s. 6d. Proportional abatement on large orders. No intelligent workman should pass a day without acquainting himself with the entirely original views contained in these pages.‹*

---

* *CW* XXVII 353f., Letter 21 (September 1872), § 3.

Fixed Price

Das — es ist heute die Regel, man muß nur einmal eine Vorschau großer Verlage aufschlagen — war nicht nur als peinliche Selbstverdinglichung zu kritisieren. Selbst wenn man sich nicht manisch-depressiv zur Ware machte, war das ganze Konzept des Sich-Sichtbarmachens* verfehlt. Es traute dem Produkt menschlicher Arbeit, hier einem der höchst-entwickelten, genannt Buch, nichts zu:

> You don't want to be advised in that manner, do you say? but only to know that such a book exists. What good would its existence do you, if you did not know whether it was worth reading? Were you as rich as Croesus, you have no business to spend such a sum as 7d. unless you are sure of your money's worth. Ask some one who knows good books from bad ones to tell you what to buy, and be content. You will hear of Fors, so, in time; – if it be worth hearing of.
>
> But you have no acquaintance, you say, among people who know good books from bad ones? Possibly not; and yet, half the poor gentlemen of England are fain nowadays to live by selling their opinions

---

* Das im ersten Dezennium des einundzwanzigsten Jahrhunderts durch das ›Netz‹ vollends zu einer pathologischen Erscheinung wurde.

> on this subject. It is a bad trade, let me tell them. Whatever judgment they have, likely to be useful to the human beings about them, may be expressed in few words; and those words of sacred advice ought not to be articles of commerce. Least of all ought they to be so ingeniously concocted that idle readers may remain content with reading their eloquent account of a book, instead of the book itself. It is an evil trade.*

Das war nicht nur ein Verdikt über die Literaturkritik, deren kümmerliche Abhängigkeit von kommerziellen Interessen Ruskin brandmarkte; es schloß auch die Überzeugung ein, daß *wirkliche* Verlage langen Atem brauchen. Man kann sich im Lichte des Ruskinschen Gedankens fragen, ob Unternehmen, die den ›Nicht-Abverkauf‹ (an ihren Worten sollt ihr sie erkennen⟅) eines Buches innert Jahresfrist als Mißerfolg verbuchen und dann umstandslos mit Verramschen anfangen, den Namen ›Verlag‹ zu Recht führen. Eingeschaltete Unternehmen wie McKinsey und dergleichen Hirnwäscher haben da flächendeckend zu Bewußtseinstrübungen und Begriffsverwirrung geführt. ›Richtige‹ Verlage handeln anders.

---

* *CW* XXVII 354, Letter 21 (September 1872), § 3f.
⟅ Matthäus 7,16.

Fixed Price

Im Frühjahr 2013 hatte ich Vittorio Klostermann gefragt, wie weit zurück die Liste der in seinem Verlag lieferbaren Bücher geht, und ihn gebeten, mir die drei ältesten zu nennen. Er schrieb mir am 3. April:

Lieber Roland,
hier die drei Titel:
Friedrich Georg Jünger: Gespräche
1948. 144 Seiten. Leinen Euro 9.90
Werner Krauss: Gesammelte Aufsätze zur Literatur- und Sprachwissenschaft
1949. 470 Seiten. Kartoniert Euro 19.00
Max Kommerell: Die Gefangenen.
Trauerspiel in fünf Akten
1948. 132 Seiten. Pappband Euro 9.00
Ich kann noch mit allerlei Vergleichbarem aufwarten!
Herzliche Grüße,
Dein
Vittorio.

So sieht es aus, wenn in Büchern verkörperte Texte nicht als ›content‹, als Fliegendreck, behandelt werden.

Die kritische Bewegung

27

Kritische Bewegung: der Schritt zurück. Er erst erlaubt es, sich aus der Involution in die Propaganda zu lösen, für einmal das ganze Panorama vor Augen zu bekommen und das Treiben der Menschen und ihre Einschätzungen zu sehen wie der Ethnologe seinen ›Gegenstand‹: *nüchtern*. Man kann dann zu überraschenden Einsichten kommen.

Zu erkennen ist etwa, daß es – neben metallischem Eßbesteck (schon Gläser fallen hier aus), hochwertigen Streichinstrumenten, Möbeln, denen der Handwerkerstolz anzusehen ist – keinen privaten Gebrauchsgegenstand außer dem Buch gibt, der nach 500 Jahren noch problemlos ›funktioniert‹, d. h. ohne weiteres Hilfsmittel von Menschen gebraucht werden kann. Keinen. Kein Mercedes, kein Porsche, kein Server, schon gar nicht ein virtueller ›Gegenstand‹, gar ›die *cloud*‹ oder dergleichen Produkte monopolheischender ›Geschäftsmodelle‹.

Buchstäblich nichts, was heute technisch hergestellt wird, kommt in der Stabilität und seinem kontinuierlichen Nutzen einem Buch gleich. Das macht seinen *Wert,* seine (im Wortsinn) grundlegende Bedeutung für unsere Gesellschaft aus.

Im Buch (und im Stolz desjenigen, der eines geschrieben und publiziert hat) spiegelt sich, was spirituelle menschliche Arbeit über die Zeit vermag. Es selbst ist traditionsstiftend. Bewegungen, die, bewußt oder unbewußt, auf seine Abschaffung hinwirken, sind im Kern antiindividualistisch, zentralisierend und eben deshalb tendenziell freiheits- und darin dann auch fortschrittsfeindlich. Es gibt nicht so etwas wie *digital humanities* (der nächste enthumanisierende Schwachsinn, in den zum Behuf der Eliminierung kritischen Bewußtseins Geld gepumpt wird); das ist ein *failed name,* lupenreines Produkt von Propaganda. Was sich so nennt, sind in Wahrheit *digital barbarisations.* Betrieben von auf das Selbstwertgefühl von Ameisen heruntergekommenen früheren Geisteswissenschaftlern, die gelernt haben, mit ihren sechs zappelnden Antragsfüßchen für Produkte Suppliken zu schreiben, von denen sie nicht wissen, ob sie auch nur die Fünfjahresgrenze der Datei- und Systemkonvertierungen überstehen. Das zeigt gut, welchen Wert sie ihrer Arbeit beimessen.

28

Der unbestechliche und kompromißlose Standpunkt, den Ruskin gegenüber den Tendenzen seiner Zeit einnehmen konnte, resultierte aus seiner ökonomischen Unabhängigkeit.*

Sein Vater, John James Ruskin, war ein sehr erfolgreicher Importeur spanischer Weine. Er führte einen der besten Sherrys aus Jerez de la Frontera ein. Die von ihm mitbegründete Firma ›Ruskin, Domecq and Telford‹ gab es unter der Leitung der Domecq-Familie bis 1994.ℂ Als sein Vater starb, sicherte die Erbschaft Ruskin einen gleichsamen archimedischen Punkt nicht nur (wie Carlyle mit Bezug auf »Fors Clavigera« am 2. April 1872 gegenüber Emerson bemerkte) »to-

---

* Jeder, der mit wachen Sinnen durch die Welt geht, wird einen eklatanten Unterschied in der Selbständigkeit und auch der Urteilskraft von Personen feststellen, die in einer Institution (etwa einer Universität) großgeworden sind, denen während ihrer ›Karriere‹ beständige Anpassungsleistungen abverlangt wurden (daraus resultiert eine ganz eigene Art von Beschädigung), und solchen, die diesen Zoll – etwa wegen vorhandenen Privatvermögens – nicht entrichten mußten. Mit einer säkularisierten Verdiensttheologie kommt man hier nicht weiter.

ℂ In diesem Jahr wurde das Konsortium von Pernod Fils gekauft.

Fixed Price

wards the bibliopolic world«,* sondern auch mit Bezug auf die ihn umgebende Welt des ungehemmten Manchester-Kapitalismus. Man mag das Glück nennen, aber das ist eine Einordnung, die an dieser Stelle keine Abwertung oder Einschränkung mehr zum Ausdruck bringen kann. τέχνη τύχην ἔστερξε *et vice versa.* Tatsache ist, daß es – Nietzsche vielleicht ausgenommen – keinen freieren Denker in dieser Zeit gab.

---

* *The Correspondence of Thomas Carlyle and Ralph Waldo Emerson.* 1834–1872. 2 Bde. (Boston 1883–1888), II 388: »Do you read Ruskin's *Fors Clavigera* which he cheerily tells me gets itself reprinted in America? If you don't, *do,* I advise you. Also his *Munera Pulveris,* Oxford-Lectures on Art, and whatever else he is now writing, if you can manage to get them (which is difficult here, owing to the ways he has towards the bibliopolic world!). There is nothing going on among us as notable to me as those fierce lightning-bolts Ruskin is copiously and desperately pouring into the black world of Anarchy all around him. No other man in England that I met has in him the divine rage against iniquity, falsity, and baseness that Ruskin has, and that every man ought to have.«

29

Schließlich: das Buch »at a fixed price«,* »without abatement on quantity«.☾ Im Horizont des Titels »Fors Clavigera« und seinem Bezug auf die nageltragende, *fixierende Necessitas* des Horaz ist die Insistenz auf dem festgesetzten Preis ›kein Zufall‹. Zwischen dem Buch und seiner Ökonomie besteht ein notwendiger Zusammenhang, der die Kontingenz eines angeblich sich selbst regulierenden Marktgeschehens hinter sich läßt. Die von Adam Smith, David Ricardo und John Stuart Mill als naturwüchsig gedeutete Festsetzung des Preises durch das Verhältnis von Angebot und Nachfrage wird explizit zurückgewiesen. Das Buch ist keine Ware (»commodity«) wie alle anderen. Es hat, obschon auch ein Gegenstand unter anderen, einen *inneren Wert* (»intrinsic value«), der nicht über eine äußere Steuerung ermittelt werden kann.

Der Kontext, in den hinein Ruskin diese provokante und zunächst von allen Seiten (Buch-

---

* *CW* XXVII 100, Letter 6 (Juni 1871), § 3.
☾ Ebd., 11 Fn. 1.

Fixed Price

handel, Verlage, Autoren) bekämpfte Entscheidung plazierte, war durch ein Rabattwesen geprägt, das Monopolbildungen zuarbeitete, indem es den großen Akteuren der Branche ermöglichte, kleinere Konkurrenten durch massives Unterbieten (»underselling«*) vom Markt zu drängen.⸿ Es gab zwar einen Richtpreis (»published price«), aber der mußte vom Verkäufer nicht eingehalten werden. In der Kette von Verlag, Zwischenhandel, Endhandel, Käufer konnten mannigfache Skonti eingeräumt werden – eine Praxis, die Ruskin ebenso suspekt war wie (und hier kommt erneut Pound in Sicht) die des Kredits. Das ist dieselbe Situation (Rolle rückwärts), die wir heute, nach Abschaffung der in Großbritan-

---

* Die im deutschen Sprachraum seit dem Ende des 18. Jahrhunderts geführte Diskussion spricht von ›Schleudern‹. Hierzu umfassend: Jürgen Kühnert, *Die Geschichte der Buchpreisbindung in Deutschland von ihren Anfängen bis ins Jahr 1945* (Wiesbaden 2009).

⸿ Eine zentrale Front, an der Ruskin kämpfte, der Widerstand gegen eine Konkurrenz, die nicht über Qualität, sondern über den Preis ausgetragen wird: »the beautifully logical condition of the national Theory of Economy in this matter being that, if you are a shoemaker, it is a law of Heaven that you must sell your goods under their price, in order to destroy the trade of other shoemakers; but if you are not a shoemaker, and are going shoeless and lame, it is a law of Heaven that you must not cut yourself a bit of cowhide, to put between your foot and the stones, because that would interfere with the total trade of shoemaking.« *CW* XXVII 48, Letter 3 (März 1871), § 4.

Eigenverlag

nien lange Zeit geltenden Buchpreisbindung (exekutiert vom Testamentsvollstrecker Margaret Thatchers, Tony Blair), wieder im Vereinigten Königreich (und auch in den meisten anderen Ländern der Welt) vorfinden und auf die monopolheischende Anbieter wie Amazon™ auch in Deutschland hinarbeiten.

Mit diesem System gab es 1871, als Ruskin anfing, sich zur Wehr zu setzen, keine Möglichkeit der Kooperation. Es war notwendig, eigene Vertriebswege aufzubauen. Die Geschäftsbeziehung mit seinem ersten Verleger, George Smith, wurde, nach einer Phase des Übergangs, 1873 gekündigt.* Für »Fors« wie für die Neuauflage von »Sesame and Lilies« kam Ruskin mit dem Kupferstecher und früheren Schüler, George Allen, überein, daß dieser zukünftig in Personalunion als sein Drucker und Distributeur agiere. In dieser Phase der Entwicklung entstand die Idee, einen Preis zu etablieren, der vom Verlag/Autor

---

* Smith war nicht nur mit Ruskin, sondern auch mit Ruskins Vater befreundet gewesen. Noch in den späten Lieferungen der »Fors« blickt Ruskin melancholisch auf die Zeiten der Zusammenarbeit zurück. Er würde, schreibt er in *Letter* 72, § 2 (*CW* XXVIII 757), »like much again to be on terms with my old publisher, and hear him telling me nice stories over our walnuts, this Christmas, after dividing his year's spoil with me in Christmas charity.« Vgl. zum Verhältnis Ruskin/Smith die Erläuterungen in *CW* XXVII lxxxiii–lxxxiv.

Fixed Price

festgesetzt wurde und der von allen, Privat- und Geschäftskunden gleichermaßen, bezahlt werden mußte. Das hatte den doppelten Sinn, daß der Preis an den vom Autor in der Herstellung seines Produkts, des Buchs, erfahrenen intrinsischen Wert gekoppelt wurde und – ein wichtiges politisches Ziel der ökonomischen Ideen Ruskins – die Profitmarge des Buchhandels nach außen vollständig transparent wurde:

> [T]he trade may charge a proper and acknowledged profit for their trouble in retailing the book. Then the public will know what they are about, and so will tradesmen; I, the first producer, answer, to the best of my power, for the quality of the book; – paper, binding, eloquence, and all: the retail dealer charges what he ought to charge, openly; and if the public do not choose to give it, they can't get the book. That is what I call legitimate business.*

An der Differenz von festgesetztem Preis zum Preis in der Buchhandlung konnte man sofort erkennen, was der Buchhändler verdiente, und damit zugleich – und das vor allem war Ruskin wichtig –, ob er eine Preispolitik betrieb, die nur

---

* Das war der Gedanke der »confessed profits«, der Offenlegung der Kalkulation. Vgl. *CW* XXVII lxxxiii.

legitimate business

dem Zweck diente, andere Anbieter vom Markt zu vertreiben.

Ruskin war – wie ein eigens in die Neuauflage von »Sesame and Lilies« eingelegtes Blatt erläuterte – überzeugt, daß diese Umstellung auf Selbstverlag mit fixiertem Endpreis nicht nur dem ideell-materiellen Wert des Buches gerecht würde, sondern auch im Sinne der Buchhändler sei:

> It has long been in my mind to make some small beginning of resistance to the existing system of irregular discount in the bookselling trade – not in hostility to booksellers, but, as I think they will find eventually, with a just regard to their interest, as well as to that of authors.[*] Every volume of this series of my

---

* Die Vorstellung, daß ein Autor – der zentrale Organisationspunkt jeder Buchproduktion – durch Rabattierungen im Marktgeschehen in der Honorierung seiner Arbeit nicht angemessen bezahlt werden könnte (gar selbst noch zulegen müßte), war für Ruskin unsinnig: »I wish that booksellers would save themselves, and me, some (now steadily enlarging) trouble, by noting that the price of these Letters to friends of mine, as supplied by me, the original inditer, to all and sundry, through my only shopman, Mr. Allen, is sevenpence per epistle, and not fivepence halfpenny; and that the trade profit on the sale of them is intended to be, and must eventually be, as I intend, a quite honestly confessed profit, charged to the customer, not compressed out of the author; which object may be easily achieved by the retail bookseller, if he will resolvedly

> collected works will be sold to the trade, without any discount or allowance on quantity, at such a fixed price as will allow both author and publisher a moderate profit on each volume. It will be sold to the trade only;[*] who can then fix such further profit on it, as they deem fitting, for retail.«

Dieser erste Schritt rief – nicht nur wegen der reduzierten Gewinnspanne – den Protest der Buchhändler hervor. Der Brief vom Februar 1872 brachte im Anhang das exemplarische Schreiben eines empörten, in Oxford ansässigen Buchhändlers an George Allen. In ihm teilte er kurz und bündig mit, daß er unter den von Ruskin diktierten Umständen nicht nur nicht mehr bereit sei, weiterhin dessen Werke anzubieten, sondern sich auch weigere, nachfragenden Kunden den einzig möglichen Vertriebskanal zu nennen:

> charge the symmetrical sum of Tenpence per epistle over his counter, as it is my purpose he should.« *CW* XXVII 193 f., Letter 11 (November 1871), § 18. »Charged to the customer, not compressed out of the author«: Das war in der Produktionslogik deutlich klüger als die Parolen heutiger *OpenAccess*-›Aktivisten‹, die – wider alles psychologische Basiswissen – Autoren die Kosten der Publikation ihrer Arbeit selbst tragen lassen wollen.

* Das betraf nur die Werkausgabe der »Revised Series« (bei der Rücksicht auf Smith genommen werden mußte), nicht neue Texte, die auch direkt an Endkunden geliefert wurden.

« *CW* XVIII 10.

Der empörte Buchhändler

> DEAR SIR, – We have received the second volume of Mr. Ruskin's Works in due course, but must decline any more on the same terms, and we shall not only not have his books on our table, but we shall decline to give any information how they are to be obtained. The previous arrangement was, in some degree, satisfactory; the present, not only very unsatisfactory, but absurd in the highest degree.*

Ruskin antwortete in einer charakteristischen Wendung:

> GENTLEMEN, – My agent has forwarded to me your letter of the 26th. The injury done me by the non-exposition of my books on your table will, of course, be grave; but I am already accustomed to a modest way of life, and must contract my expenses accordingly. Of the degree of incivility with which, under any given circumstances, it is advisable to treat your customers, you alone can judge; but respecting the absurdity or rationality of the mode of sale I adopt, there must, I conceive, be two opinions. In the present state of the book-selling trade it cannot but appear absurd that a book of which the stated price is 9s. 6d. should not be

---

* *CW* XXVII 257f., Letter 14 (Februar 1872), § 14.

Fixed Price

sold for 7s. 6d.; but you will find that, at least, respecting all books of mine, this economical paradox will continue to exist.*

Doch auch die Käufer protestierten. Sie waren an wesentlich günstigere Buchpreise gewöhnt. Aus Glasgow kam – Ruskin druckte dieses Schreiben im April‑Brief der »Fors« 1872 – der Protest eines finanziell schlecht gestellten Lesers, der Ruskins Bemerkung in der Februar‑Lieferung kritisierte, er verlange für ein Buch der ›Revised Series‹ seiner Werke nicht mehr als eine »doctor's fee«☛ (die bei der Zurückweisung von

---

* Ebd., 258.

☛ »The series of which this volume forms a part will contain all that I think useful of my former writings, so joined to my present work as to form a consistent course of teaching. The volumes will each contain, on the average, two hundred pages of text; they will all be well printed and well bound; and I intend the price asked for them by the retail bookseller to be half a guinea for those without plates, and a guinea for the illustrated volumes. Some will be worth a little less than others; but I want to keep my business simple, and I do not care that anybody should read my books who grudges me a doctor's fee per volume. But I find, in the present state of trade, that when the retail price is printed on books, all sorts of commissions and abatements take place, to the discredit of the author, and, I am convinced, in the end, to every one else's disadvantage. I mean, therefore, to sell my own books, at a price from which there shall be no abatement; namely, 9s. 6d. the plain volumes, and 19s. the illustrated ones. My publishers, Messers. Smith, Elder & Co., will sell all my books at that price over their counter; and my general agent, Mr.

›Advertising‹ etablierte Analogie von Medizin und Buch wurde von Ruskin auch im Bereich der Preise durchgehalten):

> I take leave […] to remark that I by no means shut my eyes to the anomalies of the Bookselling Trade, but I can't see that it can be remedied by an Author becoming his own Bookseller, and, at the time, putting an unusually high price on his books.*

Dem Leserbriefschreiber war es wichtig, zu betonen — auch solche Lippenbekenntnisse klingen angesichts heutiger Vorstellungen sehr vertraut —, daß der Autor ›natürlich‹ nicht unter einem niedrigen Preis leiden solle:

> Of course, I would like to see an Author remunerated as highly as possible for his labours.«

Und an dieser Stelle schiebt Ruskin in den abgedruckten Brief einen Kommentar ein, der den vielleicht wichtigsten Punkt in seiner Stellung zum Buchhandel gut zum Ausdruck bringt. Er

---

G. Allen, Heathfield Cottage, Keston, will supply them at the same price without abatement, carriage paid, to any person in town or country, on remittance of the price of the number of volumes required.« (Ebd., 257)
* Ebd., 288, Letter 16 (April 1872), § 12.
« Ebd.

Fixed Price

schaltet sich in eckigen Klammern mit der Bemerkung ein:

> You ought not to like any such thing: you ought to like an author to get what he deserves, like other people, not more, nor less.*

Es gibt einen *absoluten* Zusammenhang von Arbeit (›labour‹) und Wert dieser Arbeit, der nicht verhandel-, nicht relativierbar ist. Jede menschliche Arbeit hat ihren angemessenen (nicht identisch mit dem ominösen *gerechten*) Preis. Und der wird im Fall des Buchs nicht über das Gesetz von Angebot und Nachfrage festgelegt.

Nachdem der Leser aus Glasgow – auch das eine rhetorische Bewegung, die man an heutigen *OpenAccess*-Propagandisten studieren kann – darauf verwiesen hatte, daß es auch Ärzte gäbe, die Patienten ihren Rat umsonst zukommen ließen (eben war noch von guten Autorenhonoraren die Rede), zieht er zuletzt die soziale Karte:

> Your ›new system,‹ […] tends to prevent the real reading public from ever possessing your books, and the wealthy classes who could afford to buy books at 10s 6d. a volume, as a rule, I opine, don't drive themselves insane by much reading of any kind.«

* Ebd.
« Ebd., 289.

Billig

Ganz ähnlich eine mit »A Working Woman« unterzeichnete Zuschrift, die Ruskin im Oktoberbrief des Jahres 1873 in den »Notes and Correspondences« abdruckte und die ihn an die Praxis des Sokrates erinnerte, für seine Lehre – im Unterschied zu den Sophisten – kein Geld zu nehmen:

> I think all good books should be cheap. […] I wonder – if it be wrong to take interest – of what use my very small savings could be to me in old age? Would it be worth while for working women to save at all?*

Die Antwort Ruskins auf beide Zuschriften mit ihrem impliziten moralischen Appell war sehr mutig, und sie wäre auch heute genau so zu wiederholen: Wer ein Buch schreibt und publiziert, kann nicht durch Unterbietung die Defizite kompensieren, die eine Gesellschaft in der sozialen Distribution ihrer Güter aufweist. Arbeit, und in besonderem Maße die Arbeit an einem Buch, hat nicht irgendeinen Preis, sondern, weil sie einen Wert hat, genau den ihr zukommenden. Es kann deshalb nicht darum gehen, den Preis soweit nach unten zu drücken (Programm heutiger Bibliotheken mit ihren Billigdigitalisierungen und den Versuchen, die Urheberrechte aus-

---

* Ebd., 645, Letter 34 (Oktober 1873), § 19.

Fixed Price

zuhebeln), daß schließlich jeder alles umsonst erhält. Einzusetzen hat man sich politisch vielmehr dafür, daß die Löhne angemessen sind und d. h. zu Ruskins Zeit wie zu unserer, daß *mehr* Geld für gute Arbeit bezahlt werden kann – der deutlich schwerere Weg zwar, aber der im Sinne einer gerechten Gesellschaftsordnung: »No, certainly not wrong.«, so Ruskins Antwort.

> The wrong is in the poor wages of good work, which make it impossible to buy books at a proper price, or to save what would be enough for old age. Books should not be cheaper, but work should be dearer.*

---

* Ebd.

Schlangen, Gletscher, Steine, Blätter

30

Die Haltung, die Ruskin gegenüber seiner Ansicht nach unhaltbaren Strukturen entwickelte, war die radikaler Nicht-Kooperation. Man kann selbst noch die Themenwahl seiner Oxforder Vorlesungen als Ausdruck solcher Verweigerung verstehen. Der erste Professor für Kunstgeschichte überhaupt – und er spricht über Schlangen, über Gletscher, über Steine, über Blätter. Diese Haltung des Nonkonformismus hat die nachfolgende Generation am stärksten beeindruckt. Kleine Anlässe, große Folgen.

Die Ruskinsche Dissidenz kam *ex negativo* aus dem Herzen des viktorianischen Britannien. Vermittelt über die indische Unabhängigkeitsbewegung sollte sie dem britischen *Empire* den entscheidenden Stoß versetzen. Das grundstürzende Erweckungserlebnis Mohandas Karamchand (›Mahatma‹) Gandhis war die Lektüre von Ruskins »Unto This Last«. Eine Damaskuserfahrung, die in ihrer Wirkung dem Widerfahrnis des Paulus nur wenig nachstand.

Ruskins Buch war ihm während seiner Zeit in Südafrika als Reiselektüre von Henry Pollak,

Fixed Price

einem befreundeten Journalisten, geschenkt worden. Er las es während einer Zugfahrt von Johannesburg nach Durban, die eben wegen dieses Leseerlebnisses berühmt wurde:

> Es war unmöglich, das Buch beiseite zu legen, sobald man es einmal angefangen hatte. Es nahm mich völlig gefangen. Die Reise von Johannesburg nach Natal dauerte vierundzwanzig Stunden. Ich konnte in dieser Nacht nicht einschlafen. Ich beschloß, mein Leben nach diesem Buche umzugestalten. Ich hatte bisher nicht ein einziges Buch Ruskins gelesen. Während der Zeit meiner Ausbildung hatte ich in der Tat nichts als Lehrbücher gelesen, und hernach im tätigen Leben blieb mir sehr wenig Zeit zum Lesen. Deshalb kann ich keinen Anspruch auf ein großes Bücherwissen machen. Ich glaube, durch diese Unterlassung wider Willen nicht viel eingebüßt zu haben. Im Gegenteil, gerade weil ich so wenig las, konnte ich das Gelesene vielleicht um so gründlicher verdauen. Das einzige Buch, das eine sofortige, praktische Wandlung in mein Leben brachte, war ›Unto This Last‹; ich habe es später ins Gujarati übersetzt.
>
> Ich glaube, ich fand einige meiner tiefsten, zum Teil noch unbewußten Überzeugungen in diesem großartigen Buch Ruskins widerge-

Gandhi

spiegelt, und deshalb nahm es mich so gefangen und bewog mich, mein Leben umzustellen. Ein Dichter ist ein Mensch, der das in der Brust verborgene Gute hervorzaubern kann.*

Erlebnisse solcher Evidenz sind, auch heute – heute vielleicht sogar in eminentem Sinn – buch‑vermittelt.

---

* Mahatma Gandhi, *Mein Leben*. Hrsg. v. C. F. Andrews mit einem Nachwort von Curt Ullerich (Frankfurt am Main 1983), 123.

Fixed Price

31

Was wäre Non-Kooperation heute? Als gewaltfreie politische Handlung: Kein Amazon™-Konto, keine Benutzung von Google™-›Diensten‹ (welchen auch immer), keine Microsoft™-Software, kein Apple™-Gerät, kein Facebook™, kein Twitter™. Wäre das das Ende des Spuks, der Lüge? Ein Schritt immerhin. Aber: dezentraler Widerstand kann sich — das wäre eine *contradictio in adiecto* — nicht auf das ›Netz‹ stützen. Die messianischen Hoffnungen, die sich auf dieses ›Medium‹ richteten, sind im Wortsinn ent-täuscht worden. Und nach welch kurzer Zeit! Selbst die an die Kernenergie geknüpften profanen Erlösungsvorstellungen hatten eine längere Halbwertszeit. In Bezug auf Schrift gilt: Nur die materielle Überlieferung ist gegenüber der Macht der globalen Konzerne noch selbständig. Daher deren Gier, sich alles Schriftliche einzuverleiben. Wer die *server* kontrolliert, kontrolliert auch alles, was über sie transmittiert wird. Dezentral exzentrisch geht *innerhalb dieses System* aus prinzipiellen Gründen nicht (es gibt hier keine Subversion). Wer das gleichwohl meint, ist naiv.

Non-Kooperation

32

Ein Witz: Petitionen gegen die universale Überwachung, die ausgerechnet über Facebook™ für sich Werbung machen und darum bitten, sie auf dieser ›Plattform‹ zu unterstützen. *Simili-*Antwort-Mails initiierender Schriftstellerinnen, die mit dem alten Automatenwort ›Hallo‹ beginnen. Sackgasse, *no exit*. Nicht in dieser Laufrichtung.

Fixed Price

33

In einem wichtigen Punkt änderte Ruskin 1882 seine anfängliche Praxis. Es gab einen nicht vorausgesehenen Zielkonflikt, der überwunden werden mußte. Einerseits war Ruskin daran gelegen, die gesamte Kalkulation der verlegerischen Aktion jedem Endkunden offenzulegen – und das schloß die der Vertriebskette ein. Das Publikum sollte sich ein Urteil über das Geschäftsgebaren aller beteiligten Parteien bilden können (*ein moralisches Urteil*).

Andererseits stand der wirkliche Endpreis für neue Lieferungen der »Fors« in Ruskins erstem Vorstoß nicht fest. Kunden, die bei George Allen direkt bestellten, erhielten das Buch günstiger (i. e. netto wie brutto) als im Buchhandel, der seinen Gewinn ja durch den Aufschlag auf den »published price« festsetzte. Die Intention, den lokalen Buchhandel in seiner Vielfalt zu stützen und zu fördern, wurde durch die tatsächliche preisliche Konkurrenz des Eigenvertriebs durchkreuzt und Ruskin machte sich die erhofften Bundesgenossen im dezentralen Handel so sehr zum Feind, daß diese – wie der oben zitierte

Eine Korrektur

Brief des Oxforder Sortimenters zeigt – sich weigerten, auch nur die Bezugsmöglichkeit beim Verlag potentiellen Käufern anzuzeigen. Die Folge war ein Boykott aller Ruskinschen Bücher durch den Einzelhandel.*

Die revidierte Version des Ruskinschen Vorstoßes ließ den Gesichtspunkt einer für den Käufer transparenten Gewinnspanne fallen und konzentrierte sich auf die Verhinderung von Monopolbildungen durch ›underselling‹. Der von Ruskin festgesetzte Preis war nun – gleichgültig, ob das Buch über eine Buchhandlung vor Ort oder direkt beim Verlag bezogen wurde – derjenige, den der Endkäufer zu bezahlen hatte.

Das hatte freilich die Konsequenz, daß dem Sortimentshandel nun, trotz radikaler Ablehnung jedes Kreditwesens, ein mäßiger Skonto eingeräumt werden mußte – so mäßig, daß nicht andere Buchhändler wieder durch ›Schleudern‹ aus dem Markt geworfen werden konnten. Ruskins eigene Distribution trat damit nicht mehr in eine Unterbietungskonkurrenz zum lokalen Sortimenter. Damit war – zumindest, was Ruskins Bücher anlangt – ein Stand erreicht, der dem heutigen, durch die gesetzliche Buchpreisbin-

---

* *CW* XXVII lxxxiv: »The booksellers, in whose interest Ruskin had conceived his plan, were bitterly opposed to it, and for some time there was a more or less general boycott of his books by the trade.«

Fixed Price

dung geregelten Stand in Deutschland weitgehend entspricht. Die Initiative Ruskins wurde, wie Wedderburn ironisch anmerkt, über die für Dissidenzerfolge üblichen Stationen von »ridicule, modification, and general acceptance«* mit dem sogenannten *Net Book Agreement* (1899–1900) im Vereinigten Königreich zum verbindlichen Standard. Daß Ruskin es gewesen war, der der Idee eines festen Preises von Büchern Geltung verschafft hatte, wurde, von einzelnen Ausnahmen abgesehen,⌑ nicht ins kollektive Bewußtsein eingraviert.

---

* Ebd.
⌑ Der Leiter des Compton House (Liverpool), einem der größten Warenhäuser Englands, hob früh schon die Bedeutung Ruskins als »great tradesman« hervor. Cf. Collingwood, *The Life of John Ruskin*, 295.

34

Die von Frederick MacMillan 1924 publizierte Geschichte des *Net Book Agreement* erwähnt den Vorstoß Ruskins nur beiläufig und nur an einer einzigen Stelle. Nicht nur hatte MacMillan die Kühnheit des Ruskinschen Vorstoßes — der um das Verhältnis von Preis und Wert kreiste — nicht begriffen.* *Ex negativo* läßt sie die Originalität Ruskins gegenüber den am *common sense* orientierten Überlegungen der Zeitgenossen grell hervortreten. MacMillans Programm, das er in

---

* Frederick MacMillan, *The Net Book Agreement 1899 and The Book War 1906–1908.* Two Chapters in the History of the Book Trade, including a Narrative of the dispute between ›The Times‹ Book Club and The Publishers' Association by Edward Bell, M.A., President of the Association 1906–1908 (Glasgow 1924), 65. »That the author or his assignee has a right to fix the price of his book, cannot be disputed as was exemplified years ago when Ruskin, probably to his own disadvantage, refused to issue cheap editions of his books.« MacMillan war die vielleicht wichtigste Verlegerpersönlichkeit seiner Generation, in seiner Zeit vergleichbar mit Alfred Kröner im deutschen Sprachraum. Der heute unter dem Namen MacMillan geführte Verlag (lange Zeit noch in Familienbesitz) hat mit seinen Ideen und seiner Vorstellung von Verlegertum nichts mehr zu tun.

den Jahren 1906 bis 1908 auch gegen den heftigen Widerstand der »Times« (die Zeitschrift versuchte sich an Billigbuchreihen, die die Preisbindung unterliefen) durchsetzte, war in der Zielsetzung klassische Mittelstandsförderung, nicht wie bei Ruskin der Versuch einer Durchsetzung des Unterschieds von intrinsischem Wert und äußerlichem Preis.

MacMillan ging es um gleichmäßige Distribution in der Fläche mit vielen dezentralen Buchhandlungen, die über eine gemischte Finanzierung die Vielfalt der Buchproduktion garantieren und zugleich die Verlagsaktivitäten im Sinne einer Diversifizierung des Angebots stimulieren sollten. Das war ein anspruchsvolles Ziel, das letztlich auch eine klare kulturelle Ausrichtung hatte.* Von Ruskins Ansatz war das aber noch weit entfernt.

Die Gegner waren gleichwohl dieselben. Wenn man heute die Einleitungspassagen des MacMillanschen Buches liest, stellt sich leicht ein *déjà-vu* ein:

> I need hardly remind my readers that in the middle of the last century Free Trade had become a fetish and it was only nec-

---

* Es sollten eben nicht nur in London und Manchester und Liverpool, sondern auch in Inverness und Chichester Buchhandlungen existieren können.

essary to assert that any method of commerce was against the Principles of Free Trade to ensure its almost universal condemnation. The regulation of the price of books had of course nothing to do with Free Trade, but that did not matter: it was only necessary to mention the blessed word ›competition‹ and to suggest that if the retailer was free to sell at any price he liked instead of at a fixed price by the publisher, the element of competition would be at once introduced into the article of books and the Principles of Free Trade would be vindicated.*

Damit freilich war das Prinzip des Wettbewerbs nicht etwa verabschiedet. Es war nur aus der Preisbildung über den Verkauf herausgenommen. ›Competition‹ fand stattdessen auf anderen Sektoren statt (Beratung, Kenntnisse, auch Umgangsformen). Dazu waren kleine wie große Buchhandlungen befähigt; die kleinen Buchhandlungen (das war der Sinn der Preisbindung) konnten im System des *Net Book Agreement* nur nicht mehr durch Unterbietung aus dem Markt gedrängt werden. Sie waren ökonomisch in der Lage, ihren Platz als dezentrale Zentren der Kultur zu behaupten:

---

* Ebd., 1f. Ironischer Gebrauch der Versalien.

Fixed Price

> A well-stocked bookshop is a centre of mental culture, and any disorganisation of trade that renders the existence of such centres difficult or impossible is an injury to the community.*

In einer übergeordneten Perspektive war das ›vom Markt‹ her gedacht. Es lag und liegt im Sinne von Wettbewerbsförderung, Maßnahmen zu ergreifen, die Monopol- und Kartellbildungen verhindern.

Anders Ruskin, dessen Verständnis von Arbeit eine in den anthropologischen Annahmen gänzlich andere Grundausrichtung hatte. In einem Brief aus dem Umkreis von »Munera Pulveris«, den er am 26. Oktober 1863 aus Baden (Schweiz) an Lewis Hartley schrieb, formulierte er seinen schroffen Widerspruch gegenüber der Annahme, man könne ein ökonomisches System auf der Selbstsucht seiner Partizipanten basieren lassen. Die von Adam Smith über Ricardo und Mill immer weiter kultivierte erzkapitalistische Vorstellung, der Wettbewerb werde dann schon alles richten, basierte auf einer soziopathischen Prämisse:

> In basing man's interest on his selfishness, you will find that God thinks better of His crea-

---

* MacMillan, *The Net Book Agreement 1899 and The Book War 1906–1908*, 6.

tures, and has based his interests here and for ever on his unselfishness (unless indeed you read Matthew xvi. 24: If any man will follow me, let him indulge himself, and take up his – purse; or Timothy vi. 9: – They that will be rich fall into wise and profitable lusts, and so on). Depend upon it that so-called science of political economy is an entirely bastard one; a greater delusion than ever the Papacy was. There is a science of political economy, but the law of it is Help, not Competition.*

›Competition‹, so wird es Ruskins Schüler William Morris wenig später aussprechen, ist nur ein anderer Name für Krieg.«

Der großartige achte Teil der »Modern Painters«, kurz vorher abgeschlossen, behandelt in einer *de nomine* kunsthistorischen Studie dieses universale »Gesetz der Hilfe« ausführlich,* und es

* *CW* XVII 485.
« William Morris, *Art and Socialism,* The Aims and Ideals of the English Socialists of To-Day, in: ders., Architecture Industry & Wealth. Collected Papers (London, New York, Bombay 1902), 105–132, 121: »That system, which I have called competitive Commerce, is distinctly a system of war; that is, of waste and destruction, or you may call it gambling if you will; the point of it being that under in whatever a man gains he gains at the expense of some other man's loss.« Es leistet nur eines: »it heeds one thing and only one, namely what it calls making a profit.« (122)
* Johann Peter Eckermann notiert für den 8. Oktober 1827 ein Gespräch mit Goethe. Gegenstand waren Be-

Fixed Price

wird an ihr klar, wie eng ökonomische und ästhetische Theorie und Moral bei Ruskin zusammenhängen. Er formuliert dort:

> Composition may be best defined as the help of everything in the picture by everything else. I wish the reader to dwell a little on this word ›Help.‹ It is a grave one.
>
> In substance which we call ›inanimate,‹ as of clouds, or stones, their atoms may cohere to each other, or consist with each other, but

obachtungen am Verhalten von Vögeln. Goethe fand es merkwürdig, daß der »junge Kuckuck auch von solchen Vögeln gefüttert wird, die ihn nicht gebrütet und erzogen«. Die wechselseitige Hilfe von verschiedenen Vogelarten untereinander interessierte Goethe und brachte ihn – prä- und kontradarwinistisch – auf die Idee, daß die Selbstsucht in der Natur durch ein anderes Prinzip komplementiert wird: »Wäre es wirklich, daß dieses Füttern eines Fremden als etwas allgemein Gesetzliches durch die Natur ginge, so wäre damit manches Rätsel gelöst, und man könnte mit Überzeugung sagen: daß Gott sich der verwaisten jungen Raben erbarme, die ihn anrufen.« Johann Peter Eckermann, *Gespräche mit Goethe in den letzten Jahren seines Lebens.* Hrsg. v. Otto Schönberger (Stuttgart ²1998), 682. Kropotkin hat in den achtziger Jahren des 19. Jahrhunderts über dasselbe Thema nachgedacht. Vgl. Peter Kropotkin, *Gegenseitige Hilfe in der Tier- und Menschenwelt.* Autorisierte deutsche Ausgabe besorgt von Gustav Landauer (Leipzig 1904); das englische Original war unter dem Titel *Mutual Aid.* A Factor of Evolution, 1902 erschienen. Kropotkin lebte seit 1886 in London. Die Beziehung zwischen seinen Ideen und denen Ruskins sind noch unerforscht.

Hilfe

they do not help each other. The removal of one part does not injure the rest.

But in a plant, the taking away of any one part does injure the rest. Hurt or remove any portion of the sap, bark, or pith, the rest is injured. If any part enters into a state in which it no more assists the rest, and has thus become ›helpless,‹ we call it also ›dead.‹

The power which causes the several portions of the plant to help each other, we call life. Much more is this so in an animal. We may take away the branch of a tree without much harm to it; but not the animal's limb. Thus, intensity of life is also intensity of helpfulness – completeness of depending of each part on all the rest. The ceasing of this help is what we call corruption; and in proportion to the perfectness of the help, is the dreadfulness of the loss. The more intense the life has been, the more terrible is its corruption.*

»Selfishness«, *die Weigerung, sich dem Ganzen helfend mitzuteilen,* war in diesem Kontext das schlechthin Korrupte und Korrumpierende. Die Frage war nur, was man der dominanten ökonomischen Theorie mit ihrer Sanktifizierung des Eigeninteresses entgegensetzen konnte – wenn

---

* *CW* VII 205.

Fixed Price

Entgegensetzung (und nicht Subversion oder Änderung des Bezugsrahmens) in diesem Fall überhaupt eine angemessene methodische Verhaltensweise wäre.* Noch Dante hatte, im Übergang von Mittelalter zur Neuzeit, die Selbstsüchtigen, von *avaritia* Gezeichneten, einfach in die Hölle stecken können und – wie die Kirche überhaupt – über Strafphantasien zumindest eine Dämpfung der entfesselten Eigensucht angestrebt. Nach Fortfall der religiös-metaphysischen Gewißheiten schied dieser Weg aus.

---

* Der Zusammenbruch des sogenannten Ostblocks resultierte letztlich unter anderem aus der hier wirkenden Dialektik. Es war eben nicht nur die Schwäche einer zentralistischen Wirtschaftsordnung mit ihrer größeren Korruptionsanfälligkeit, mangelhafter Gütererzeugung und dem Problem der Güterverteilung dorthin, wo sie gebraucht werden. Wenn ein Wirtschaftssystem, das auf Konkurrenz basiert, mit einem anderen, das auf Ablehnung des Wettbewerbs beruht, *konkurriert,* ist mit der äußeren Formbestimmung der Konkurrenz der ›Sieg‹ des ersten Systems bereits vorgegeben. In dem Augenblick, in dem der Kommunismus die Weltrevolution nicht mehr als Naherwartung geltend machen konnte, war er gescheitert. Als *Konkurrent* hatte er keine Chance.

Gemischte Finanzierung

35

In jeder gemischten Finanzierung* ist das am Werk, was Ruskin das Gesetz der Hilfe nennt. Und jede Unternehmensberatung, heiße sie McKinsey™ oder wie auch immer, die die Axt an dieses Prinzip legt, agiert im Auftrag der Monopole (mag es sich auch als abgeklärte BWL-Weisheit tarnen). Die Buchpreisbindung *hilft* den Sortimentern im Sinn des Ruskinschen Gesetzes. Es ist daher kein Wunder, daß die von Amazon™ in Angriff genommene Kolonisation des Buchmarkts sie mit allen zur Verfügung stehenden Mitteln bekämpft.

Attackiert wird der folgende Finanzierungszusammenhang: Jeder lokale Buchhändler kann Kunden nur in seinen Laden locken, wenn er ein

---

* Der Betriebswirtschaftler spräche hier wohl von ›Quersubventionierung‹. Das Wort ›Subvention‹ muß man hier von allen negativen Konnotationen fernhalten. Wer sie in diesem Zusammenhang betonte, dächte vom Einzelprodukt, nicht vom Zusammenhang her. Buchhandel und Verlagswesen – wie auch Postwesen und Wasserwirtschaft – sind aus dieser nicht zu begreifen. Der Doktrin nach dürfte manchen BWLern bereits die Existenz solcher Berufszweige ein unlösbares Rätsel darstellen.

Fixed Price

ausreichend vielfältiges Angebot materieller Güter in seinem Geschäft präsentieren kann. Er muß sich dieses Angebot aber auch leisten können. Und hierfür ist es wichtig, daß er neben ausgefallenen, sehr speziellen Büchern auch die Publikationen in seinem Angebot führt, die sich *quasi* von alleine verkaufen (ich zögere, den Ausdruck ›Bestseller‹ in den Mund zu nehmen).* Entfiele die Preisbindung, könnte sich Amazon™ leisten, was es ohnedies am liebsten macht: Konkurrenz durch massive Unterbietung aus dem Markt zu drängen. Der nächste Dan Brown statt für 24,99 für 17,99, der nächste Roman von Frau Rowling für 14,99 statt für 19,99 – und der Buchhändler vor Ort wäre nach einem Jahr verzweifelten Gegenhaltens vom Markt verschwunden wie der Hund von der Autobahn. Er könnte sein Angebot nicht halten, weil ihm die Basisfinanzierung entfiele.

Um zunächst das Bewußtsein der Buchpreisbindung und dann, in einem zweiten Schritt, diese selbst zu eliminieren, hat Amazon™ die Strategie gewählt, auf seiner *website* den gebundenen Preis stets mit einem billigeren ›antiquari-

---

* Analoges gilt für Verlagspolitiken. Ein Verlag, der das Prinzip der gemischten Finanzierung preisgibt, hat den Offenbarungseid geleistet. Er wird nie in der Lage sein, mittel- und langfristig zu planen, Autoren langsam ›aufzubauen‹ und was dergleichen zentrale Verlagsaufgaben sind.

Gehirnwäsche

schen‹ Angebot zu konfrontieren – mit dem Ziel einer Gehirnwäsche, die den Zweck hat, Käufern die Preisbindung zunehmend befremdlich werden zu lassen. Daß es hierbei primär um die symbolische Ebene geht, kann man gut daran erkennen, daß der günstigere Preis den regulären Ladenpreis oft nur um 1 Cent unterbietet. Ein Kauf würde dazu führen, daß der Käufer potentiell 2,99 Euro mehr zahlen müßte. Der Amazon™-Aufschlag für Bestellungen bei einem Antiquar oder einem privaten Anbieter von 3 Euro käme ja zu dem ›Billigpreis‹ hinzu. Niemand wird so dumm sein, das zu diesen Konditionen zu kaufen, aber das Programm der Gehirnwäsche durch den ›günstigeren‹ Preis läuft gleichwohl unterschwellig.

In diesem Licht ist auch der Ankauf der Antiquariatsportale von (national) ZVAB™ und (international) AbeBooks™ durch Amazon™ als strategische Aktion zu begreifen. Er dient dem Zweck, das Bewußtsein für die prekäre Grenze zwischen flexiblem und fixem Preis immer weiter aufzuweichen, bis schließlich ihre Bedeutung nicht mehr verstanden wird. Das geplante Freihandelsabkommen mit den USA wird hier, wenn nicht sehr gut aufgepaßt wird, die letzte Schranke fallen lassen. Die Folgen wären fatal.

Lokale Buchläden würden zur Seltenheit, die Verlage gerieten in immer größere Abhängigkeit vom Monopolisten. Er könnte es sich nicht nur leisten, die Namen mißliebiger Autoren durch einen einzigen SQL-Befehl aus seiner Datenbank zu löschen – wie es mir im September 2012 nach Einleitung einer Klage gegen Amazon™ wegen Verstoßes gegen die Buchpreisbindung geschah; das Beispiel USA zeigt überdies, daß Übergriffe in die konzeptionelle Arbeit der Verlage folgen würden. Nicht-Kooperation ist hier Pflicht.

Bashing

36

Eines der Lügenwörter, das seit kurzem Konjunktur hat, ist das Wort ›bashing‹ (›Amazon-Bashing‹, ›Google-Bashing‹ usw.). Es erscheint immer dort, wo der Gedanke von vorneherein abgeblockt werden soll, Kritik könne einen in der Sache berechtigten Ansatzpunkt haben. Man macht den, der Kritik äußert, der Einfachheit halber zum Schläger und unterstellt rein persönliche Beweggründe – als wäre es eine psychische Aberration, an den strategischen Konzepten und den miesen Praktiken von kolonialisierenden *trusts* Anstoß zu nehmen. Als Ziel dessen, der Kritik vorträgt, wird nicht Besserung der Verhältnisse unterstellt, sondern die Absicht des Fertigmachens (dies die gängige Bedeutung des englischen Wortes). Das verrät indes nur, wie sehr man selbst ans Falsche gekettet ist.

Es gibt wahrscheinlich immer ›gute Gründe‹, wenn Kritik als Nörgelei, als Zerstörungswille denunziert wird. Aber es gilt nach wie vor, über Jahrtausende hinweg: »Wenn die Wörter nicht stimmen, ist die Sprache nicht in Übereinstimmung mit der Wahrheit der Dinge. Wenn

Fixed Price

die Sprache nicht in Übereinstimmung mit der Wahrheit der Dinge ist, können die Sachverhalte nicht erfolgreich bearbeitet werden.«*

* Konfuzius, *Analekten,* Buch Tszee-Loo, XIII 3, 5f.

Grabengasse 8

37

Mir fällt Gerhard Rönick ein, zusammen mit seiner Frau Inhaber der Weiss'schen Buchhandlung auf dem Universitätsplatz in Heidelberg, Grabengasse 8. Als ich anfing zu studieren. Die Buchhandlung hatte Wurzeln im 16. Jahrhundert (›seit 1593‹), wie das heute noch sichtbare Ladenschild stolz verkündet (die Buchhandlung selbst gibt es seit einigen Jahren nicht mehr). Zu Anfang des zwanzigsten Jahrhunderts war ihr ein Verlag angegliedert. Das erste Buch, das Friedrich Gundolf unter diesem Namen publizierte (das Cäsar-Buch hatte noch den Autor Gundelfinger), ein Text zu Hölderlins »Archipelagus«, erschien dort (mit interessantem Verlagssignet).

Begegnungen. 1995 erschien der von Hans Peter Duerr herausgegebene Briefwechsel mit Paul Feyerabend. Die beiden hatten sich »durch Zufall im Frühling 1965« in der Weiss'schen kennengelernt. Duerr berichtet in seinem Vorwort, er sei »über einen riesigen Stapel von Büchern [gestolpert], den ein auf eine Krücke gestützter Mann auf dem Boden aufgeschichtet

Fixed Price

hatte. Ich half diesem Mann, die Bücher wieder aufeinanderzutürmen, wobei er sich mit Wiener Akzent als Paul Feyerabend aus Berkeley vorstellte.«[*]

Dann auch eigene Erinnerungen ...

... die Lesung mit Uwe Johnson, die die kleine Buchhandlung aus allen Nähten platzen ließ, später Arnfried Astel, der Gedichte vortrug, darin auch Frühes zu den Grabplatten in der Handschuhsheimer St. Vitus-Kirche (wer kennt das noch?). In einer Art Schrein im hinteren Teil des Ladens immer vorrätig, selten gekauft, »Zettels Traum« ...

... Rönick war ein konservativer Mensch, grauer Anzug, unauffällige Krawatte. Nie habe ich ihn unrasiert gesehen (und ich war lange Jahre fast jeden Werktag mindestens einmal in seinem Laden). Über Politik sprachen wir nicht miteinander, aber er war ein richtiger Buchhändler, einer von denen, die sich Ruskin gewünscht hat, zugleich einer, den die gesetzlich durchgesetzte Buchpreisbindung überhaupt erst möglich gemacht haben – ein Virtuose der gemischten Finanzierung. Entlegenstes stand neben dem Gängigsten. Das vollständige Reclam-Angebot

---

[*] Paul Feyerabend, *Briefe an einen Freund*. Hrsg. v. Hans Peter Duerr (Frankfurt am Main 1995), 7.

und die grauen Bände der Heidegger-Werkausgabe. Und immer konnte er zu seinen Büchern eine Geschichte erzählen.

Er war ein *scout,* der für seine Kunden Verlage und Bücher ausfindig machte, die sie noch nicht kannten, die er aber aufmerksam beobachtete. Und er war stolz, seinen Beruf ausüben zu können. Auf der Buchmesse war er eine bekannte Gestalt, er nahm sich Zeit, verhandelte mit den Verlegern direkt, die ihn schätzten, weil er in seinem kleinen Laden einen großen Kundenstamm hatte, der viel Bücher abnahm. Ich erinnere mich noch daran, daß er – obwohl ihm das wahrscheinlich ästhetisch und herstellerisch zuwider war – im ersten Jahr des Merve Verlags auf der Buchmesse eine Kollektion der Verlagsproduktion orderte und sein Schaufenster damit dekorierte. Man kann das Mut nennen.

Nach einem halben Jahr wußte er genau, was mich interessierte (das tat meinem studentischen Geldbeutel durchaus nicht gut), machte mich auf Details aufmerksam, und oft lernte man bei ihm mehr als im Seminar. Eine Art von geistigem Zuhause.

Nun kann man gute Buchhändler (wie Kaufleute überhaupt) nicht durch Programme erzeugen (wer nicht das Gespür für die Bedeutung einer Stammkundschaft hat, dem ist in dieser Branche wie im Einzelhandel überhaupt nicht

Fixed Price

zu helfen). Aber sehr wohl kann man dafür sorgen, daß die Chance steigt, eine materielle Existenz auf einem solch riskoreichen, auch von Moden und Strömungen abhängigen Geschäft mit der Distribution anfaßbarer, sinnlich gegenwärtiger Bücher begründen zu können und dadurch auf die lokale geistige Ökosphäre einzuwirken.

Der Gesetzgeber hat das seit langem begriffen (und man muß dafür sorgen, daß die Gründe nicht in Vergessenheit geraten, warum das geschah): Die Buchpreisbindung und der ermäßigte Mehrwertsteuersatz auf Bücher eröffnen solche Spielräume für das aufmerksame Lesen und alles, was mit ihm zusammenhängt. Das ist unendlich mehr als eine ›Subvention‹. Es ist der artikulierte, in Gesetzesform gefaßte Wille, kleine dezentral wirkende Kulturzentren vor Ort zu fördern. Wenn man Glück hat, existieren auf dieser Basis Buchhändler wie der es war, an dessen Haltung mir aufging, was den Kern seines Berufs ausmacht.

Buch, Arbeit, Wert

38

Die Ruskinsche Haltung zum Buch und die Idee eines ›*fixed price*‹ entsprang nicht gängigen betriebswirtschaftlichen Überlegungen. Den Preis dem vulgären Zusammenhang von Angebot und Nachfrage zu entziehen, hatte den Sinn, den eigenständigen, *intrinsischen Wert* des Buches gegenüber allen Verrechnungen des Markts zu markieren und eine dezentrale Distribution sicherzustellen. Bis heute ist ein gutes und gut gemachtes Buch der sprechendste Ausdruck eines autonomen, nur seinen eigenen Regeln unterworfenen Arbeitsprozesses. Vielleicht ist es, neben Kunstobjekten, mittlerweile der einzige von Menschen hergestellte Gegenstand, der als Zeuge dieser Art menschlicher Arbeit verblieben ist.

Wer schreibt, kümmert sich – zunächst – weder um Konkurrenz noch um Vermarktung, sondern um die Qualität in der Verarbeitung des ihm eigenen, von ihm auch allererst hervorgebrachten Materials (der je eigenen Sprache).* Ist

---

* Christian Garve, Philosoph und Übersetzer von Adam Smith und Adam Ferguson, hat in den Papieren zu sei-

das nicht der Fall, handelt es sich nicht um
›Schreiben‹ im emphatischen und d. h. eigentli‑
chen Sinn, sondern eine Praxis der Entfrem‑
dung. Sie mag im heutigen Publikationswesen
bedauerlicher Standard sein, aber Begriffsbe‑
stimmungen werden nicht quantitativ entschie‑

> nem nur fragmentarisch überlieferten Kommentar zur
> »Politik« des Aristoteles, den entscheidenden Punkt des
> der Arbeit inhärenten Sachbezugs bereits Ende des 18.
> Jahrhunderts herausgearbeitet. In einem kleinen Text, der
> »Eigene Gedanken über Sclaverey und Despotie« über‑
> schrieben ist, hält er fest: »Die Handwerksarbeiten bringen
> etwas hervor, welches bleibt, und zum Nutzen oder Ver‑
> gnügen des Menschen dient. Ihre Arbeiten sind von der
> Natur, daß sie dabey von denjenigen, welchen zu Gute
> sie diese Arbeiten verrichten, unabhängig seyn können.
> Der welcher sich ein paar Schuhe bestellt, befiehlt dem
> Schuster nur gewisser maßen, indem er bestimmt, wie er
> den Schuh gemacht haben will. Aber er hat nicht nöthig,
> in der ganzen Zeit, da der Schuster die Schuhe verfertiget,
> eine Aufsicht über ihn zu haben. Dieser beobachtet nun,
> nachdem er einmal den Auftrag seines Kunden erhalten
> hat, bey der Ausführung nur die Regeln seiner Kunst,
> nicht die Vorschriften des Kunden, und bringt doch her‑
> vor, was von diesem verlangt worden ist. Der Handwerker
> ist in einem gewissen Grade andern unterwürfig, so lange
> er die Bestellung der Arbeit annimmt, und zu der Zeit,
> wenn er sie liefert. Dort muß er sich Vorschriften, hier
> Ausstellungen gefallen lassen. *Aber er ist, der Natur der Sa‑
> che nach, völlig frey, so lange er arbeitet.* Und er kann seinen
> Kunden, der ihn hofmeistern wollte, wie Apelles den
> Alexander, aus seiner Werkstatt weisen.« Georg Gustav
> Fülleborn (Hrsg.), *Die Politik des Aristoteles.* Übersetzt
> von Christian Garve. Hrsg. u. mit Anmerkungen und
> Abhandlungen begleitet v. G.G.F. 2 Bde. (Breslau 1799–
> 1802), II 144f. (Herv. v. mir).

Praxis der Entfremdung

den. Die Produktion eines Buchs – und damit meine ich nicht nur das Schreiben des Autors, sondern auch alle weiteren Arbeitsschritte vom Lektorat über die Herstellung, den Druck, die Distribution, den Verkauf in der Buchhandlung* – begleitet eine Werterfahrung, die auf die Arbeit selbst bezogen ist. Sie sträubt sich der Relationierung. William Morris hat das in »Art and Socialism« gut beschrieben:

> All works of art [...] have the property of becoming venerable amidst decay; and reason good, for from the first there was a soul in them, the thought of man, which will be visible in them so long as the body exists in which they were implanted.«

Worauf es letztlich bei der »necessity for labour« einzig ankomme, sei »making goods that are worth the making.«*

---

* Nicht den über den Paketdienst, denn dieser liefert ganz unterschiedslos auch Waschmittel und Korkenzieher aus.

« William Morris, *Art and Socialism*, 111.

* Ebd., 121 (Herv. v. Morris): *»Nothing should be made by man's labour which is not worth making, or which must be made by labour degrading the makers.«* – Das Selbstverständliche, was Morris fordert, wird heute bestenfalls als lächerlich, im schlimmsten Fall als verrückt, weltfremd, ›utopisch‹ (im rein negativen Sinne des Besserwissers) angesehen. Soweit ist ›die Welt‹ auf den Hund gekommen – »tainted by cynism« (ebd., 117). Sozialdemokratische Parteien, die ›Jobs‹ schaffen wollen. Das Gegenwort wäre *Sprüche Salo-*

Das war ganz im Einklang mit den gegen Adam Smith gerichteten Bemerkungen Ruskins in der Einleitung zu »The Crown of Wild Olive«, daß »the wealth of nations, as of men« sich nicht in Zahlen abbilde.

> The real good of all work, and of all commerce, depends on the final intrinsic worth of the thing you make, or get by it. This is a ›practical‹ enough statement, one would think: but the English public has been so possessed by its modern school of economists with the notion that Business is always good, whether it be busy in mischief or in benefit; and that buying and selling are always salutary, whatever the intrinsic worth of what you buy or sell, that it seems impossible to gain so much as a patient hearing for any inquiry respecting the substantial result of our eager modern labour.*

Der Einwand, die von Ruskin und Morris praktizierte und als verbindlich erklärte Art von Produktion gäbe es heute nicht mehr, auch die völlig ihrem Produkt entfremdete Buchbranche liefere hierfür keine Beispiele mehr und sie könne dar-

---

mons 29,18 in der King James Version, die viel zugespitzter formuliert als die Luthers: »Where there is no vision, the people perish«.

* *CW* XVIII 391.

um nicht maßgeblich sein, sticht nicht. Das Buch, das hier vorliegt, ist genau so, wie ich es eben beschrieben habe, hergestellt worden – und selbst wenn es seine Ziele allesamt verfehlte, die Ausrichtung auf einen qualitativen Maßstab, *eine Bewertung,* wird sich diese, wie noch jede wirkliche Arbeit gefallen lassen müssen.

Der Text etwa, den Morris zum ›idealen Buch‹ geschrieben hat,* verliert keineswegs seine richtungsweisende Bedeutung durch die Feststellung, es habe zu seiner Zeit (oder auch heute) nur wenige, vielleicht gar keine Bücher gegeben, die seinen Maßstäben gerecht würden. Die Werterfahrungen, die in diesen Text Morris' eingegangen sind, beanspruchen auch dann, maßgeblich zu sein, wenn die Wirklichkeit hinter ihnen zurückbleibt. Vielleicht sogar gerade dann. Und: Wir werden uns schon noch etwas wünschen dürfen, solange wir noch eine Seele haben.

---

* William Morris, *Das ideale Buch.* Essays und Vorträge über die Kunst des schöneren Buches (Göttingen 1986).

39

Es wird den Menschen von Kindheit an beigebracht, gering von sich zu denken. »As soon as you're born they make you feel small.« Das ist ein zentrales Herrschaftsinstrument, Kitt im Bau des ganz Falschen. Es verhindert wirkungsvoll, für seine Ideen später auch einzutreten, für sie kämpfen zu wollen

Daß der Generalbaß lautet, wer auf Erden lebe, sei immer schon schlechterdings und unheilbar korrupt, und man könne ohnedies nichts ändern, und daß dieser Generalbaß immerzu eingeübt wird und jeder ihn, nach seinen Kräften, mitbrummt, macht alle – schlechterdings und unheilbar korrupt und den Gang der Dinge zwangsläufig. Daher die unglaubliche Konfliktscheu, selbst bei offenkundigem Unsinn oder offen zutageliegender Ungerechtigkeit.* Jeder fühlt, wie wenig stabil der eigene Bewußtseins-

---

* Etwa in der Verteilung der Güter: »Economic injustice consists in allowing claims to come into the hands of those who have contributed nothing either to production, or to go getting things to those who need them.« Ezra Pound, *Guide to Kulchur* (New York 1970), 358.

stand ist. Eitelkeit der Mickriggehaltenen schließt das nicht aus. Sie tritt nicht selten als Abgeklärtheit auf, wo sie doch nur ausagierte, kompensierte Ohnmacht und ein ganz erbärmlicher Schutz ist.

40

The book shd. be a ball of light in one's hand.*

* Ebd., 55.

41

a book is written, not to multiply the voice merely, not to carry it merely, but to perpetuate it. The author has something to say which he perceives to be true and useful, or helpfully beautiful. So far as he knows, no one has yet said it; so far as he knows, no one else can say it. He is bound to say it, clearly and melodiously if he may; clearly at all events. In the sum of his life he finds this to be the thing, or group of things, manifest to him; – this, the piece of true knowledge, or sight, which his share of sunshine and earth has permitted him to seize. He would fain set it down for ever; engrave it on rock, if he could; saying, This is the best of me; for the rest, I ate, and drank, and slept, loved, and hated, like another; my life was as the vapour, and is not; but this I saw and knew: this, if anything of mine, is worth your memory. That is his ›writing‹; it is, in his small human way, and with whatever degree of true inspiration is in him, his inscription, or scripture. That is a ›Book‹.

Perhaps you think no books were ever so written?

But, again, I ask you, do you at all believe in honesty, or at all in kindness, or do you think there is never any honesty or benevolence in wise people? None of us, I hope, are so unhappy as to think that. Well, whatever bit of a wise man's work is honestly and benevolently done, that bit is his book or his piece of art. It is mixed always with evil fragments – ill-done, redundant, affected work. But if you read rightly, you will easily discover the true bits, and those *are* the book.*

---

* *CW* XVIII 61 (»Sesame and Lilies«).

Die Gestalt des Gebirges

42

Ruskins Werk sammelt sich um die Frage nach der Bedeutung eines »intrinsic value«. Schon deutlich vor den Jahren, in denen er an »Fors Clavigera« schrieb, ist deren zentrale Bedeutung wahrnehmbar. Sie taucht an den verschiedensten Stellen auf und ist durchaus nicht auf den Bereich der menschlichen Arbeit beschränkt. So etwa – tief und für das ganze Leben in die Seele des Kindes determinierend (das Wort »fixed« fällt auch hier wieder) einschneidend (»my destiny fixed in all of it that was to be sacred and useful.«) – bei Betrachtung der Alpen an jenem Morgen in Schaffhausen, an dem dem jungen Ruskin das erste Mal die Gestalt des Gebirges vor Augen trat. Der Bericht davon findet sich in einer staunenswürdigen Passage der fragmentarischen Autobiographie »Praeterita«. Ihre Niederschrift überschneidet sich teilweise mit der Arbeit an »Fors Clavigera«.

In Schaffhausen hatte Ruskin damals – in Begleitung seiner Eltern – das erste Mal Schweizer Boden betreten und dabei eine Prägung für sein weiteres Leben erhalten:

It is strange that I but dimly recollect the following morning; I fancy we must have gone to some sort of church or other; and certainly, part of the day went in admiring the bow-windows projecting into the clean streets. None of us seem to have thought the Alps would be visible without profane exertion in climbing hills. We dined at four, as usual, and the evening being entirely fine, went out to walk, all of us, – my father and mother and Mary and I.

We must have still spent some time in town-seeing, for it was drawing towards sunset, when we got up to some sort of garden promenade – west of the town, I believe; and high above the Rhine, so as to command the open country across it to the south and west. At which open country of low undulation, far into blue, – gazing as at one of our own distances from Malvern of Worcestershire, or Dorking of Kent, – suddenly – behold – beyond!

There was no thought in any of us for a moment of their being clouds. They were clear as crystal, sharp on the pure horizon sky, and already tinged with rose by the sinking sun. Infinitely beyond all that we had ever thought or dreamed, – the seen walls of lost Eden could not have

Schaffhausen

been more beautiful to us; not more awful, round heaven, the walls of sacred Death.

It is not possible to imagine, in any time of the world, a more blessed entrance into life, for a child of such a temperament as mine. True, the temperament belonged to the age: a very few years, – within the hundred, – before that, no child could have been born to care for mountains, or for the men that lived among them, in that way. Till Rousseau's time, there had been no ›sentimental‹ love of nature; and till Scott's no such apprehensive love of ›all sorts and conditions of men,‹ not in the soul merely, but in the flesh. St. Bernard of La Fontaine, looking out to Mont Blanc with his child's eyes, sees above Mont Blanc the Madonna; St. Bernard of Talloires, not the Lake of Annecy, but the dead between Martigny and Aosta. But for me, the Alps and their people were alike beautiful in their snow, and their humanity; and I wanted, neither for them nor myself, sight of any thrones in heaven but the rocks, or of any spirits in heaven but the clouds.

Thus, in perfect health of life and fire of heart, not wanting to be anything but the boy I was, not wanting to have anything more than I had; knowing of sorrow only just so much as to make life serious to

> me, not enough to slacken in the least its sinews; and with so much of science mixed with feeling as to make the sight of the Alps not only the revelation of the beauty of the earth, but the opening of the first page of its volume, – I went down that evening from the garden-terrace of Schaffhausen with my destiny fixed in all of it that was to be sacred and useful. To that terrace, and the shore of the Lake of Geneva, my heart and faith return to this day, in every impulse that is yet nobly alive in them, and every thought that has in it help or peace.*

Der gängige Unterschied von Natur und Kultur ist hier aufgehoben, weil auch ›Natur‹ auf ein Konstruktionsprinzip verweist, nach dem sie ›ge‑arbeitet‹ ist. Und: *Sie läßt sich lesen wie ein Buch* – »the sight of the Alps not only the revelation of the beauty of the earth, *but the opening of the first page of its volume*« (Herv. v. mir). Die ökologische Frage, wie sie von Ruskin in seinen Publikationen entfaltet wird, ist in diesem zugleich erweiterten und genauen Sinn *textkritisch* fundiert. Sie entspringt der handlungsmotivierenden, verbindlichen Werterfahrung einer Lektüre, die auf eine *restitutio in integrum* drängt. Ob in den exem‑

* *CW* XXXV 115f.

Textkritik

plarischen Versuchen, die verschmutzten Quellen des Flusses Wandel zu klären;* ob in der heftig geführten Diskussion um das Schicksal der Gletscher; der Auseinandersetzung um die Kirche *Santa Maria della Spina* in Pisa; dem Kampf um zwei Inseln im Neuenburger See; ob bei der Radikalkritik des Manchesterkapitalismus« mit seinen Schloten, aus denen sich – so Ruskin – die gigantische, aus den Seelen der Toten emulgierte »Storm‚Cloud of the Nineteenth Century« speiste* – immer war das Ziel die Wiederherstellung eines ursprünglichen Textes der Welt. Ihm hatte sich Ruskin verschrieben.

Durch menschliche Eigensucht und die vielfältigen technischen Hilfsmittel, derer sie sich bediente, war dieser Text freilich so vollständig korrumpiert, daß die herkulische Aufgabe die Kräfte eines einzelnen übersteigen mußte, mochte dieser auch noch so eloquent und tatkräftig

---

* Auch eine symbolische Handlung. Der Quellbereich des Flusses in der Nähe von Croydon war Kindheitsort. Vgl. zur Bedeutung von Ruskins Aktion das erste Kapitel der »Praeterita«, *CW* XXXV 13–33, »The Springs of Wandel«.

☾ Sehr anschaulich der 1876 geschriebene »Protest« (so der Untertitel) »The Extension of Railways in the Lake District«, *CW* XXXIV 138–143.

★ Vgl. den berühmten gleichnamigen Text *CW* XXXIV 7–80.

☽ Das national Aufsehen erregende Straßenbau‚Projekt in Hinksey (Oxford), das Ruskin initiierte und leitete (und

sein. Es macht die Größe Ruskins aus, daß er sich davon nicht entmutigen ließ.

an dem, als ›road-digger‹ seine Schüler – neben dem späteren Herausgeber seiner Werke, Alexander Wedderburn – unter anderem Oscar Wilde und Arnold Toynbee mitarbeiteten), signalisierte der englischen Öffentlichkeit, daß Ruskin seinen Tätigkeitsbereich durchaus nicht auf die Produktion von Texten und Vorlesungen zu beschränken gedachte. Ruskins Aktion (die einen deutlich erweiterten Kulturbegriff und eine sehr spezielle Vorstellung von der Lehrtätigkeit eines Professors voraussetzte) wurde in der »Times« und im »Punch« breit diskutiert. Vgl. Hilton, *John Ruskin*, 569–577.

43

Die »Stones of Venice« (1852–53) hatten in dem Kapitel *The Nature of Gothic*, das auf William Morris und Ezra Pound tief einwirkte, den Wert menschlicher Arbeit zum Gegenstand gemacht.* Historische Unbildung hat im zwanzigsten Jahrhundert vor allem mit Blick auf dieses Kapitel aus Ruskin den Reaktionär zu machen versucht, der die über Europa sich ergießende Mode der Neogotik begründet habe – was nachweislich falsch ist.☾ Es ging hier keineswegs um die Imitation eines längst vergangenen äußerlichen Kunststils, sondern um die Restitution eines bestimmten Verständnisses von Arbeit (*labour*, nicht *work*★), das Verbindlichkeit bean-

---

* In diesem Kapitel findet sich auch eine detailliert ausgeführte Passage, die den Flug eines Vogels über die Alpen nach Norden schildert und die Koordination des Flugs durch Orientierung am Boden beschreibt. Hölderlin hatte in »Das Nächste Beste« auf dasselbe Motiv zurückgegriffen und eine Handlungsanweisung daraus abgeleitet.

☾ John Summerson, *Victorian Architecture*. Four Studies in Evaluation (New York 1970), 8f.

★ Zum Unterschied von »Labour« und »Work«, von dem Ruskin bereits im Untertitel der »Fors Clavigera« Gebrauch macht, vgl. vor allem Lewis Hydes 1979 erstmals

spruchte. Gotik ist nicht eine längst zurückliegende Epoche der Kunstgeschichte; sie ist eine

erschienenes Buch »The Gift«. Die fast 30 Jahre später publizierte deutsche Übersetzung gibt ›Labour‹ mit ›Mühe‹, ›Work‹ mit ›Arbeit‹ wieder (was den Arbeitsbegriff preisgibt). Hyde selbst beschreibt ›Work‹ als »eine absichtsvolle, willentlich ausgeführte Tätigkeit. Eine Mühe (›Labour‹) kann absichtsvoll sein, jedoch nur im Grundsätzlichen oder in dem Entschluß, nichts zu tun, was ihr eindeutig zuwiderlaufen würde. Darüber hinaus folgt die Mühe ihrem eigenen Programm. Dinge regeln sich, doch mit dem seltsamen Gefühl, daß nicht wir sie regeln.« Lewis Hyde, *Die Gabe. Wie Kreativität die Welt bereichert* (Frankfurt am Main 2006), 80. Eva Hesse hat in einem lesenswerten Essay darauf aufmerksam gemacht, daß der englische ›Labour‹-Begriff nicht von der ursprünglichen Verwendung im Sinne von ›Wehen‹ und ›Schwangerschaft‹ abzulösen ist. Eva Hesse, *Wachstum und Wucher.* Zur Aktualität von Pounds Usura-Begriff, in: Ezra Pound, Usura-Cantos XLV und LI. Texte, Entwürfe und Fragmente. Hrsg. u. kommentiert von E. H. (Zürich 1985), 102–156; hier: 126. Ähnlich liegt der Fall auch im Deutschen. Die Grundbedeutung des Wortes ›Arbeit‹ ist keine äußerliche, sondern ›Not‹, ›Mühsal‹. In diesem Sinn wird es bis weit ins 18.Jahrhundert nicht nur im Bereich des Pietismus verwendet (August Langen, *Der Wortschatz des deutschen Pietismus* [Tübingen ²1968], 371); noch Hölderlin schreibt 1804 in seinen »Anmerkungen zur Antigonae«: »Es ist ein großer Behelf der *geheimarbeitenden* Seele, daß sie auf dem höchsten Bewußtseyn dem Bewußtseyn ausweicht, und ehe sie wirklich der gegenwärtige Gott ergreift, mit kühnem oft sogar blasphemischem Worte diesem begegnet, und so die heilige lebende Möglichkeit des Geistes erhält.« (Friedrich Hölderlin, *Sophokles.* Frankfurter Ausgabe, Bd. 16, hrsg. v. Michael Franz, Michael Knaupp u. D. E. Sattler [Frankfurt am Main, Basel 1988], 414f.) An Arbeit ist Seele, Innerlichkeit, immer beteiligt.

Degradiert

bestimmte Haltung zu dem, was man herstellt. Früh schon ist das, gerade von Arbeitern, erkannt worden.* Mit Ruskins Zustimmung und dem bezeichnenden Gesamttitel »On the Nature of Gothic Architecture: and herein of the True Functions of the Workman in Art« wurde es schon 1854 separat gedruckt und zirkulierte im Umfeld des Londoner *Working Men's College*, dann auch rasch über diesen Kreis von Ruskins Schülern und die Londoner Gesprächskreise hinaus.❰

Ruskin wies in dem Kapitel die moderne Herabstufung des Handwerkers zur Maschine (»*this degradation of the operative into a machine*«★) mit aller rhetorischen Kraft, die ihm zur Verfügung stand, zurück. Der Wert der Arbeit selbst sei bei dieser Entwicklung verlorengegangen und habe

---

* William Morris wird später berichten, daß gerade die ›working-men‹ Ruskin als einen der ihren angesehen haben: »Apart from any trivial words of my own, I have been surprised to find [...] such a hearty feeling toward John Ruskin among working-class audiences: they can see the prophet in him rather than the fantastic rhetorician, as more superfine audiences do.« *Art and Socialism*, 117.

❰ *CW* X lix–lx. Der Erlös aus dem Separatdruck, der für den Spottpreis von *4 pence* angeboten wurde, ging als Zuschuß an das *College*. In einer eigens eingefügten Fußnote auf Seite 48 heißt es: »The profits arising from the sale of this pamphlet will be offered to the Working Men's College, 31 Red Lion Square, London.« (Ebd., lxviii)

★ *CW* X 194.

mit der an seine Stelle tretenden ordinären Ausrichtung auf finanziellen Reichtum die Grundlage der Gesellschaft unterminiert:

> It is not that men are ill fed, but that they have no pleasure in the work by which they make their bread, and therefore look to wealth as the only means of pleasure. It is not that men are pained by the scorn of the upper classes, but they cannot endure their own; for they feel that the kind of labour to which they are condemned is verily a degrading one, and makes them less than men.*

Den Grund hierfür sieht Ruskin in der fortschreitenden Zerstückelung der menschlichen Produktivkraft. Die Arbeitsteilung sei zwar eine »great civilized invention«, aber

> we give it a false name. It is not, truly speaking, the labour that is divided; but the men: – Divided into mere segments of men – broken into small fragments and crumbs of life; so that all the little piece of intelligence that is left in a man is not enough to make a pin, or a nail, but exhausts itself in making the point of a pin or the head of a nail.«

---

* Ebd., 196.

« Ebd. Es ist interessant, daß Ruskin gerade das Bild des Nagels einfällt, um seinen Gedanken zu illustrieren.

Zerstückelt

Diese, dem Produkt entfremdete, Weise zu arbeiten setzt – wie Ruskin mit einem sprechenden Bild unterstreicht – die Pulverisierung dessen voraus, was man ›menschliche Seele‹ nennt:

> Now it is a good and desirable thing, truly, to make many pins in a day; but if we could only see with what crystal sand their points were polished, – sand of human soul, much to be magnified before it can be discerned for what it is – we should think there might be some loss in it also. And the great cry that rises from all our manufacturing cities, louder than their furnace blast, is all in very deed for this, – that we manufacture everything there except men; we blanch cotton, and strengthen steel, and refine sugar, and shape pottery; but to brighten, to strengthen, to refine, or to form a single living spirit, never enters into our estimate of advantages. And all the evil to which that cry is urging our myriads can be met only in one way: not by teaching nor preaching, for to teach them is but to show them their misery, and to preach to them, if we do nothing more than preach, is to mock at it. It can be met only by a right understanding, on the part of all classes, of what kinds of labour are good for men, raising them, and making them happy; by a deter-

> mined sacrifice of such convenience, or beauty, or cheapness as is to be got only by the degradation of the workman; and by equally determined demand for the products and results of healthy and ennobling labour.*

Das sind, aus den Papieren eines ›Tory-Kommunisten‹, die frühesten Gründungsakten der englischen Labour-Bewegung, geschrieben in der Mitte des 19. Jahrhunderts. Als Konzept würden sie mehr oder weniger direkt in die Programmatik jener britischen Partei Eingang finden, die heute so vollständig korrumpiert erscheint, daß man sich fragt, ob sie das Wort ›labour‹ überhaupt noch korrekt schreiben kann. Der springende Punkt an Ruskins Konzept ist, daß die Arbeit – im Horizont von Beruf, nicht von ›Job‹ – für sich einen autonomen Wert hat, für den es sich (jenseits aller finanziellen Entgeltung) lohnt, daß der Arbeiter für ihn einsteht:

> All professions should be liberal, and there should be less pride felt in peculiarity of employment, and more in excellence of achievement.«

---

* Ebd.
« Ebd., 201.

Begleitmusik

Wenn eine Arbeit so gemacht wird, daß sie ihren eigenen Ansprüchen und denen des bearbeiteten Materials von sich aus gerecht wird, braucht man keine externe Ethik mehr bemühen, sie zu rechtfertigen. Sie bringt ihre eigene mit. Teure Kurse für Manager, die die passende ›Ethik‹ zu unethischem Verhalten zu supplementieren suchen, sind daher genauso verlogen und im strikten Verstand sinnlos wie das (in Deutschland an Universitäten häufig anzutreffende) ›ethisch-philosophische Grundlagenstudium‹ (EPG), das die offenbar vorausgesetzte ethische Unverbindlichkeit fachspezifischer Ausbildungsgänge kompensieren soll. Ethik ist keine Begleitmusik zu einer Melodie, die auch ohne sie angestimmt werden könnte.

William Morris, der als engagierter Sozialist 1892 als vierten Band seiner ›Kelmscott Press‹ einen weiteren Separatdruck in einem kleinen Oktavformat und unter der Verwendung der von ihm geschnittenen ›Golden Type‹ publizierte, hatte in seinem Vorwort die Bedeutung des Ruskinschen Textes als »one of the very few necessary and inevitable utterances of the century« beschrieben.* Er sei nach wie vor wegweisend, trotz aller Enttäuschungen, die in den vierzig Jahren zwischen seiner Erstveröffentlichung und

---

* Ebd., 460.

der Neupublikation lagen, trotz der Wahrnehmung gesteigerter »folly and degradation of civilisation«:

> To some of us when we first read it, now many years ago, it seemed to point out a new road on which the world should travel. And in spite of all the disappointments of forty years, and although some of us, John Ruskin amongst others, have since learned what the equipment for that journey must be, and how many things must be changed before we are equipped, yet we can still see no other way out of the folly and degradation of civilisation. For the lesson which Ruskin here teaches us, is that art is the expression of man's pleasure in labour; that it is possible for man to rejoice in his work, for, strange as it may seem to us today, there have been times when he did rejoice in it; and lastly, that unless man's work once again becomes a pleasure to him, the token of which change will be that beauty is once again a natural and necessary accompaniment of productive labour, all but the worthless must toil in pain, and therefore live in pain. So that the result of the thousands of years of man's effort on the earth must be general unhappiness and universal degradation–unhappiness and degradation, the

Mechanisiert

conscious burden of which will grow in proportion to the growth of man's intelligence, knowledge, and power over material nature.*

Das war auch an die Adresse der *gaya scienza* der Natur gerichtet. Sobald sie sich von der spezifischen Vorstellung sinnvoller Arbeit verabschiedet hatte, die bei Ruskin zu lernen war, lief sie leer – und würde dann auch Amok laufen:

> Science has in these latter days made such stupendous strides, and is attended by such a crowd of votaries, many of whom are doubtless single-hearted, and worship in her not the purse of riches and power, but the casket of knowledge, that she seems to need no more than a little humility to temper the insolence of her triumph, which has taught us everything except how to be happy. Man has gained mechanical victory over nature, which in time to come he may be able to enjoy, instead of starving amidst of it. In those days science also may be happy; yet not before the second birth of art, accompanied by the happiness of labour, has given her rest from the toil of dragging the car of commerce.«

* Ebd.
« Ebd., 461.

»The happiness of labour«, das war das Motto, das Ruskin bereits in »The Seven Lamps of Architecture« formuliert hatte.

> I believe the right question to ask, respecting all ornament, is simply this: Was it done with enjoyment – was the carver happy while he was about it? It may be the hardest work possible, and the harder because so much pleasure was taken in it; but it must have been happy too, or it will not be living.*

Das Kriterium aller lebendigen Produktion ist, daß die Freude des Herstellenden an ihr wahrgenommen werden kann. An einer anderen Stelle der »Seven Lamps« hat Ruskin das auf den Punkt gebracht,

> that things in other respects alike, as in their substance, or uses, or outward forms, are noble or ignoble in proportion to the fullness of the life which either they themselves enjoy, or of whose action they bear the evidence, as sea sands are made beautiful by their bearing the seal of the motion of the waters. And this is especially true of all objects which bear upon them the impress of the highest order of creative life, that is to say, of the mind of man:

---

* *CW* VIII 218.

Ausscheren

> they become noble or ignoble in proportion
> to the amount of the energy of that mind
> which has visibly been employed upon them.*

Es gibt heute noch weniger Produkte als zu Ruskins Zeit, die einem solchen Kriterium entsprechen. Wahrscheinlich nur gute Bücher und Handwerksartikel von richtigen (guten) Handwerkern. Der allgemeine Zynismus, der mit dem bestehenden Schlechten so perfekt harmoniert, hat alles Ausscheren aus dem routinierten Falschen schon abgeschrieben. Wenn es nach ihm ginge, dürfte noch nicht einmal über ein anderes Leben, eine andere Weise von Arbeit nachgedacht werden. Was aber ohne die in und durch Bücher präsente Werterfahrung von menschlicher Arbeit noch bliebe, wäre, bei Licht betrachtet, nicht wert, hergestellt zu werden.

> For we are not sent into this world to do any
> thing into which we cannot put our hearts.
> We have certain work to do for our bread,
> and that is to be done strenuously; other
> work to do for our delight, and that is to be
> done heartily: neither is to be done by halves
> and shifts, but with a will; and what is not
> worth this effort is not to be done at all.《

---

* Ebd., 190.
《 Ebd., 219.

Das ist die Erfahrung des Nihilismus, wie sie Nietzsche wenig später auszuformulieren und zu überwinden suchte. Es macht die Schwäche seiner Therapie aus, daß er der Lockung erlag, sie durch die – Hegel würde sagen: *abstrakte* – Setzung von Werten heilen zu wollen, als sei allein das Setzen bereits ›wertgarantierend‹. Werte aber können nicht dekretiert werden. Sie gehen aus der Arbeit im Material (beim Schriftsteller: aus dem Schreiben selbst) hervor – oder auch nicht. Erzwungen werden kann hier, im Gebiet des Zusammenwirkens von $\tau\acute{v}\chi\eta$ und $\tau\acute{\epsilon}\chi\nu\eta$, nichts.

Unter dem Maaße

44

Wie sich an der allmählichen Verfertigung von »Fors« gut studieren läßt, schließt freies Schreiben eine zu rigorose Planung aus. Wer mit Blick auf Neues schreibt, darf sich um keinen Preis selbst zu einer Maschine machen, die ein Programm – und sei es auch zur ›Vollendung‹, zur ›Vollkommenheit‹ – ausführt. Die langen Passagen im »Gothic«-Kapitel der »Stones of Venice«, die sich mit dem Thema »Savageness or Rudeness«* und »Changefulness«☾ beschäftigen, entfalten geduldig den Gedanken, daß die Einlösung eines mechanischen Plans – aus Ruskins Perspektive das Resultat einer Arbeitsteilung in der menschlichen Psyche – zugleich der Tod des gearbeiteten Produkts wäre:

> Denn unter dem Maaße
> Des Rohen brauchet es auch
> Damit das Reine sich kenne.★

---

* *CW* X 184–202.
☾ Ebd., 203–214.
★ Hölderlin, *Die Titanen,* in: Homburger Folioheft, 31.

Buch, Arbeit, Wert

Es ist dann nur zwangsläufig, daß Gebilde, die sich durch äußerliche Gleichförmigkeit und d.h. durch Standardisierung wiederholter Elemente auszeichnen, der schärfsten Kritik verfallen.* Nur Sklaven können dergleichen produziert haben.

> Wherever the workman is utterly enslaved, the parts of the building must of course be absolutely like each other; for the perfection of his execution can only be reached by exercising him in doing one thing, and giving him nothing else to do. The degree in which the workman is degraded may be thus known at a glance, by observing whether the several parts of the building are similar or not.«

Das schloß – für die Zeitgenossen, und wohl nicht nur für sie, provokant – eine Wertschätzung griechischer Tempel aus:

> in Greek work, all the capitals are alike, and all the mouldings unvaried, [...] the degradation is complete.*

---

* Morris' Beschäftigung mit nahtlosen Teppichmustern geht, als experimentelle Praxis, direkt auf diesen Ruskinschen Gedanken zurück. Vgl. hierzu Lars Spuybroek, *The Sympathy of Things.* Ruskin and the Ecology of Design (Rotterdam 2011).

» *CW* X 204.

* Ebd.

Irregulär

Für Ruskin war die Wahrnehmung kunstvoller Irregularität ein entscheidendes Kriterium bei der Beurteilung von Architektur:

> Observe if it be irregular, its different parts fitting themselves to different purposes, no one caring what becomes of them, so that they do their work. If one part always answers accurately to another part, it is sure to be a bad building; and the greater and more conspicuous the irregularities, the greater the chances are that it is a good one.*

Im Grunde war das ein energisches Plädoyer für die durchgängige Individualisierung des Geschaffenen – und eine säkulare Heiligsprechung des Wertes jener individuellen Arbeit, die es hervorgebracht hatte. Mit der fabrikmäßigen Spiegelsymmetrie und der atomisierenden Teilung der Arbeit zugleich wurde gebrochen. Ende der Kooperation.

* Ebd., 268.

45

Nirgends kommt dieser Gedanke so vehement zum Ausdruck wie bei der berühmten Beschreibung eines merkwürdigen, aus einem einzigen Stein gehauenen Doppelpfeilers, den er in der auch sonst architektonisch erstaunlichen Kirche San Zeno in Verona entdeckt hatte.*

Das Wort ›entdecken‹ ist hier durchaus an seinem Platz, denn vor Ruskin hatte sich niemand um dieses architektonische, im Halbdunklen liegende Detail geschert. Ihre Konstruktion und Verfertigung zog Ruskins Aufmerksamkeit vor allem deshalb auf sich, weil hier der Gedanke einer nicht automatisierten Zusammengehörigkeit zweier tragender Elemente zugleich vom ›Autor‹ durch eine Inschrift testiert war, die den Stolz des Arbeiters, dieses Element des großen Baues geschaffen zu haben,

---

* Insgesamt an drei Stellen seiner Schriften kommt Ruskin auf diese Doppelsäule zu sprechen. Zweimal in den »Stones of Venice« (in den Kapiteln »The Shaft« und »The Cornice and the Capital«) und in einem geplanten Appendix zum 1859 publizierten Text »The Two Paths« (teilweise abgedruckt in *CW* IX 131 f.).

Entdeckung

markant hervortreten läßt. Die Signatur war zugleich – und auch das muß Ruskin fasziniert haben – so sprachlich gefaßt, daß das Produkt, der Doppelpfeiler selbst, als sprechendes Subjekt von der Arbeit zeugte, der es seine Existenz verdankte. Ruskin kam es vor, als sei er – was die Kunstfertigkeit seiner Herstellung nur noch weiter hervorhob – mehr mit dem Schwert als mit dem Meißel behandelt worden.* Charakteristisch sein Bedauern darüber, daß der anonym bleibenden Mit-Arbeiter des Eingravierten von ihm nicht auch gedacht wurde:

> Its workman was proud of it, as well he might be: he has written his name upon its front (I would that more of his fellows had been as kindly vain), and the goodly stone proclaims for ever, ADAMINUS DE SANCTO GIORGIO ME FECIT.«

In den »Stones of Venice« ist diesem exzentrischkühnen Bauelement der sorgfältig angefertigte Stich mit der Nummer 17 gewidmet, auf dessen Genauigkeit in der Darstellung von Einzelheiten

---

* »the impression of its rather having been cloven into its form by the sweeps of a sword, than by the dull travail of a chisel«. *CW* IX 379.

« Ebd.

Ruskin großen Wert legte.* Es war sogar dafür gesorgt, daß man trotz der extremen räumlichen Verkürzung noch die Inschrift lesen konnte. Die Steine (nicht nur die Venedigs) sprechen. Und Ruskin verhalf ihnen dazu, Gehör zu finden.

The carver [was] happy while he was about it.

---

* Vgl. seine scharfe Zurückweisung einer wenig später erschienenen Abbildung in George Edmund Streets *Brick and Marble in the Middle Ages*. Notes of a Tour in the North of Italy (London 1855) [Abb. nach 101], mitgeteilt in *CW* IX 131f., Fn. 1.

Capitals.
Concave Group.

46

Die Abbildungen stammen aus der *Library Edition* von Cook und Wedderburn, aus einem Band, der mir antiquarisch einmal zum Geburtstag zugedacht wurde. Ursprünglich gehörte er zum *Reserve Stack* der *County Library* des *Devon County Council* in Südwestengland. Heute macht diese *Library* (der Name ist geblieben) Werbung für ›e‑books‹ und ›audio‑books‹. »Free eBooks and audiobooks are available to download from this website. You can borrow and download to digital devices anytime, anywhere. Find out more about our new Next Generation Service here«.

›Here‹ – das weist als Pfeil in den kommoden (nicht den kommenden) Abgrund, in den man diese Generation geschickt hat, die sich mit digitalen Talmi abgefunden hat und keinen Schimmer hat von dem, was ein Monument ist – weder in der Gestalt von Säulen in Kirchen noch in der Gestalt von Büchern, in die jene menschliche Arbeit eingegangen ist, die ihren Namen verdient. Das Filigran »UNBLEACHED ARNOLD« leuchtet aus dem Papier hervor.

47

Es ist der innere, nicht mechanische Bezug der beiden Säulen zueinander, der für Ruskin ihren exemplarischen Wert ausmacht und sie nicht nur als eines der »most elaborate and perfect«* Beispiele einer Doppelsäule, sondern überhaupt zu den »most interesting pieces of work I know in Italy« zählen läßt.☾ Genauer ist es der lebendig-exzentrische Charakter der Reflexion, den der Steinmetz mit großer handwerklicher Kunst, aber auch mit Intuition an ihnen ausgebildet hat.

Ruskin beschreibt die sich reflexiv (nicht: mechanisch) spiegelnde★ Gestalt des Gebildes überaus präzise:

> Both shafts have the same section, but one receives a half turn as it ascends, giving it an exquisite spiral contour.☽

---

* *CW* IX 130.
☾ Ebd., 131.
★ In den »Stones of Venice« spricht Ruskin später explizit davon, die beiden Säulen seien wechselseitig »the exact reverse« von einander. *CW* IX 379.
☽ Ebd., 131 f.

Architektur als Klang

Das bringt die Architektur insgesamt in lebendige Bewegung.

> The main point in the character of those two shafts is their subtlety of treatment in curvature, indicating a very highly trained and sensitive condition of mind in the designer. This is marked in nothing so much as in the reserve of curve in the twisted pillar, and that reserve is brought out in subservience to a curious idea of making one pillar literally the reverse or ›reflection‹ of the other, so that the eye shall take the kind of complemental pleasure in the reversed form which the ear does in an alternating passage of music.*

---

* Ebd., 132.

Buch, Arbeit, Wert

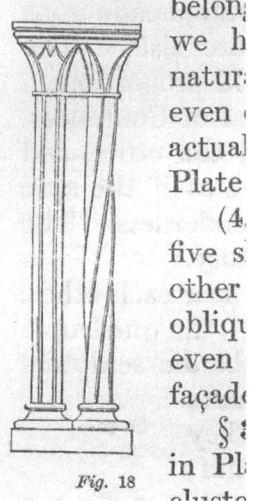

Fig. 18

Das ist deutlich mehr als die Wahrnehmung von Architektur als »gefrorener Musik«, wie sie Friedrich Schlegel zugeschrieben wird.* Denn die Architektur ist hier – im Halbdunklen vor dem Eingang zur Krypta von San Zeno in Verona – gerade nicht erstarrt, sondern vollständig lebendig, vibriert geradezu von Reflexion und gibt die Freude dessen kund, der sie geschaffen hat.

Was immer an Büchern Ruskin geschrieben hat – es wollte sich an dieser Doppelsäule in der Veroneser Kirche messen lassen, als einem kühn die Konvention und die mechanische Vervielfältigung brechenden Kunstwerk, in das die geduldige Arbeit der Hand und der Zufall des ingeniösen Einfalls zugleich unverwechselbar und irreduzibel individuell eingegangen sind.

---

* Vgl. zur apokryphen Herkunft dieser Formulierung Khaled Saleh Pascha, »*Gefrorene Musik*«. Das Verhältnis von Architektur und Musik in der ästhetischen Theorie (Diss. FU Berlin 2004).

Am Eingang zur Krypta

48

Es war im Jahr 1911, als Ezra Pound mit dem Bruder von William Carlos Williams, Edgar, San Zeno in Verona besuchte und dabei auch die von Ruskin entdeckte Doppelsäule aufsuchte. Edgar hatte als Architekturstudent kurz zuvor den *Prix de Rome* gewonnen. Das Stipendium gestattete ihm, die Gebäude und Kunstwerke Italiens im Land selbst zu studieren.

Ob an diesem Tag in der Kirche auch der Name Ruskins fiel, ist nicht bekannt. Man kann aber annehmen, daß Edgar Williams als Architekturstudent sowohl die »Stones of Venice« gelesen hatte als auch die Erläuterungen George Edmund Streets, die dieser von der Veroneser Doppelsäule in seiner – von Ruskin wegen ihrer Ungenauigkeit kritisierten – Monographie »Brick and Marble in the Middle Ages« gegeben hatte.* *Canto* LXXVIII berichtet – und Hugh Kenner bestätigt das in seinem berühmten

---

* Cf. Hugh Witemeyer, *Ruskin and the Signed Capital in Canto 45,* in: Paideuma. Studies in American and British Modernist Poetry 4 (1975), 85–88.

Buch über das Zeitalter Pounds –, Edgar habe, »looking at the signed columns in Zeno«, ausgerufen

> how the hell we could have any architecture when we order our columns by the gross?*

Beide Besucher waren beeindruckt und fühlten sich zugleich – und mit Spätfolgen bei Pound – ermahnt: »It was a Luminous Detail, with the capacity to admonish the present«.❡

Wie der Ausruf Edgar Williams' offenbarte, wurde die Ruskinsche Aversion gegen den maschinenmäßigen Serialismus von ihm und (wie sich bald zeigen sollte) auch von Pound geteilt – ohne daß, unter den Bedingungen der Moderne, so leicht Abhilfe zu schaffen war. Als Stachel einer authentischen Kunstpraxis aber wirkte die selbstbewußte Signatur im Stein nach.

> What was done in San Zeno, once, on one column, proves the possibility of a craftsman's pride in an unobtrusive structural member. And any thing that is possible can again be.★

Pound transformierte sie schließlich 1936 in den zornigen *Canto* XLV, einen der berühmtesten

---

* Canto LXXVIII Vers 130–132, 752; vgl. Hugh Kenner, *The Pound Era* (Berkeley, Los Angeles 1971), 323.
❡ Ebd.
★ Ebd., 325.

des ganzen Zyklus. Dort ging sie in den sehr speziellen Kontext einer Kritik ein, mit der Pound alle Existenzformen von Wucher (»usury« / »usura«) überzog. Diese Kritik war zugleich radikale Infragestellung der bestehenden kapitalistischen Wirtschaftsordnung.* Deren Sündenfall (»sin against nature«⟪) – Ruskin sah das bekanntlich genauso* – hatte in der Zulassung von Kredit- und Zinswesen bestanden, das im Mittelalter noch verpönt – und unter Bezug auf die Heilige Schrift – sogar verboten war.⟫ Im Kern,

---

* John T. Noonan hat in seiner Studie zur Geschichte der scholastischen ›Usura‹-Kritik, *The Scholastic Analysis of Usury* (Cambridge [Mass.] 1957), die Auffassung vertreten, daß sie als die Keimzelle aller späteren ökonomischen Theorien überhaupt anzusehen ist: »Most obviously, the scholastic theory of usury is an embryonic theory of economics. Indeed it is the first attempt at a science of economics known to the West.« (2)

⟪ *Canto* XLV, Vers 14.

* Die Ablehnung von Skonto, jeglichem Rabatt und die Favorisierung von Barzahlung anstelle von Scheck war ein Zentralpunkt der Ruskinschen Ökonomie. Sein Experiment mit einem kleinen Teeladen, den er im Oktober 1874 in der Londoner Paddington Street eröffnete, folgte den sich daraus ableitenden Handlungsanweisungen. Es gab insbesondere keinen Mengenrabatt. Cf. Hilton, *John Ruskin*, 571 f.

⟫ Innozenz II. hatte das auf dem 2. Lateranischen Konzil ausdrücklich als Kanon 13 im Kirchenrecht verankern lassen. Er verdammte die »abscheuliche und schändliche, von göttlichen und menschlichen Gesetzen durch die Schrift im Alten und im Neuen Testament verworfene, [...] unersättliche Raffgier der *Geldverleiher*« (»detestabilem et

Buch, Arbeit, Wert

so Pounds Wahrnehmung, war die Ökonomie durch Aufhebung des Zinsverbots zwangsläufig zum Wucher gekommen und dadurch unheilbar korrumpiert worden.*

Diese Sicht der Dinge hatte eine ästhetische Dimension, denn die im ›Usura‹-Zusammenhang geschaffenen Werke erwiesen sich als genauso korrupt wie das Finanzwesen, an dem sie partizipierten. Der Rückgriff auf vorneuzeitliche Quellen war daher aus Pounds Sicht fast zwangsläufig. Sie waren noch nicht durch Zins

    probrosam divinis et humanis legibus per Scripturam in Veteri et in Novo Testamento abdicatam, [...] insatiabilem *foeneratorum* rapacitatem«) und schloß sie von jedem kirchlichen Troste (»ab omni ecclesiastica consolatione«) aus. Sie durften in den Sprengel nicht aufgenommen werden, hatten für ehrlos (»infames«) zu gelten und sollten des christlichen Begräbnisses beraubt sein (»christiana sepultura priventur«). Heinrich Denziger, *Kompendium der Glaubenskenntnisse und kirchlichen Lehrentscheidungen.* Verbessert, erweitert, ins Deutsche übertragen und unter Mitarbeit von Helmut Hoping herausgegeben von Peter Hünermann (Freiburg im Breisgau, Basel, Rom, Wien ^{39}2001), 323 (Nr. 716).

*   Pound ist darin nicht so radikal wie Ruskin. Zins selbst ist für ihn noch unproblematisch. Erst der ›ungerechte Preis‹ ist es. *Canto* CXIII, Vers 99–101: »And to know interest from usura | (Sac. Cairoli, prezzo giusto) | In this sphere is Giustizia«. (*Die Cantos,* 1166) Pound bezieht sich in der Klammer auf die Monographie von Luigi Pasquale Cairoli, *Il giusto prezzo medioevale.* Studio di economia politica (Merate 1913).

Korruption

und Wucher ihrer Kräfte beraubt.* Der *Canto* hob an aus der Perspektive des Übergangs in die Neuzeit, aus der Perspektive François Villons,☾ der sich auszeichnete durch

> the first voice of man broken by bad economics [...]. The hardest, the most authentic, the most absolute poet of France. The under dog, the realist, also a scholar. But with the mediaeval dream hammered out of him.★

---

* Ruskin, der seinen Kampf gegen das Kreditwesen auch im Namen des »great command against usury« führte, interessierte sich aus diesem Grund für die alten Verordnungen der Venezianer Kaufleute. Beeindruckt war er von der alten, aus dem 11. Jahrhundert stammenden Inschrift in San Giacometto: »Around this temple, let the merchant's law be just – his weights true, and his agreements guileless«. *CW* XXIX 99; Abbildung des eigentümlichen Marmorbands, das Ruskin erstmals entzifferte, in *CW* XXI nach 268, Tafel LXII.

☾ »Harpes et luz« (›Harfen und Lauten‹) zitiert Vers 896 aus dessen ›Testament‹ (in dem ›Gebet‹ an die Gottesmutter, das er auf Bitten seiner eigenen Mutter gedichtet hatte), wo Villon davon berichtet, er sähe in seiner Pfarrkirche ein gemaltes Paradies (»Paradis paint«) mit Harfen und Lauten. Weitere Erläuterungen zu diesem Bezug bei Carroll F. Terrell, *A Companion to »The Cantos« of Ezra Pound* (Berkeley, Los Angeles, London 1980), 178f.; George Kearns, *Guide to Ezra Pound's Selected Cantos* (Dawson 1980), 124f.

★ Ezra Pound, *ABC of Reading* (London 1951), 104.

Buch, Arbeit, Wert

With Usura

With usura hath no man a house of good
stone
each block cut smooth and well fitting
that design might cover their face.
with usura
hath no man a painted paradise on his
church wall
harpes et luz
or where virgin receiveth message
and halo projects from incision.*

Was an die Stelle der auf eine längere Dauer hin gefertigten Kunstgegenstände des Mittelalters und der Frührenaissance getreten war – und hier läßt sich eine sehr genaue Brücke zu einer Maxime schlagen, nach der heute auch viele in der Buchbranche handeln –, war die Herstellung schnell konsumierbarer Massenware:

> no picture is made to endure nor to live with
> but is made to sell and to sell quickly

Die jeden menschlichen Lebensbereich durchziehende Korruption hat nicht nur die Werkzeu-

---

* Ezra Pound, *Die Cantos*. In der Übersetzung von Eva Hesse und Manfred Pfister. Ediert von Manfred Pfister und Heinz Ickstadt. Kommentiert von Heinz Ickstadt und Eva Hesse (Zürich, Hamburg 2012), 354.

ge, sondern auch das handwerkliche Geschick und den Handwerker selbst angegriffen. Pound spricht hier ganz in der Tradition von Ruskin, William Morris und Eric Gill*:

> Usura rusteth the chisel
> It rusteth the craft and the craftsman

Und in diesem Zusammenhang erinnert sich der *Canto* in der langen Liste jener integren Gegenstände, die in der durch und durch von faulen Geschäftsinteressen dominierten Gegenwart kaum mehr hergestellt werden können, auch der Doppelsäule in San Zeno. Sie steht aufrecht als wirkendes Monument, als Mahnung, als lautlos sprechender Einspruch gegenüber der Einrichtung im Falschen. Aus der Usura

> Came no church of cut stone signed: *Adamo me fecit*.

---

* Gill und Pound sind sich tatsächlich einmal 1936 in Rapallo persönlich begegnet. Es ergab sich offenbar eine lebhafte und freundschaftliche Diskussion voller Mißverständnisse, bei der die beiden ihre eigentümlichen Ideen zur Reform des Geldwesens austauschten, »a meeting which was stimulating, if not an absolute success, since Pound had drawn the inference that Gill's belief in monetary reform made him a Fascist. Gill in vain tried to explain that this was not the case.« Fiona MacCarthy, *Eric Gill* (London, Boston 1989), 278.

Der Vers unterstreicht aber nicht nur, als wirkende Reminiszenz, die herausragende Bedeutung der von Ruskin entdeckten Doppelsäule und des handwerklichen Ethos, das in ihre Verfertigung eingegangen ist. Pounds Text geht einen Schritt weiter. Er verallgemeinert und überhöht ihre Symbolkraft gleich in dreierlei Hinsicht. Dadurch, daß der Kirchenname nicht genannt wird, spricht der Vers von Kirche überhaupt – und Kirche ist im Licht des eröffnenden Verses 1 das »house of good stone« *par excellence.*

Es geht darum, wie Menschen wohnen »auf dieser Erde«* (unter den Auspizien der Usura: schlecht). Außerdem erscheint diese Kirche jetzt *in toto* aus dem Stein der Doppelsäule geschnitten. Dessen materielle Wucht durchdringt das Gesamtgebäude. Und schließlich wird der konkrete Eigenname des Steinmetzes »Adaminus« zu dem symbolischen Nomen »Adam« ausgeweitet. In Pounds *Canto* XLV ist die Veroneser Doppelsäule keine lokale Sehenswürdigkeit, geschaffen von einem lokalen Künstler. Sie zeugt von der schöpferischen Kraft des Menschen schlechthin und hat paradigmatischen Wert für jede künstlerische Produktion.《

---

* Hölderlin, *In lieblicher Bläue,* in: FHA 8, 1011.

《 Tony Tanner, *Venice Desired* (Oxford 1992), 272, sieht bei Pound in der Reflexion auf die Säulen dagegen nur eine melancholische Reminiszenz ausgedrückt: »The signed

columns represent for Pound, clearly enough, the kind of personal craftmanship possible in the non-usurious Middle Ages but no longer possible under capitalism and mass production.«

49

Daß es unter dem Maß auch des Rohen brauche, damit das Reine »sich kenne«, zeigt sich an der handwerklichen Einrichtung des Textes, deren kindliche Ungelenkheit (von den beiden unterschiedlichen A in der ersten Zeile über die ungleichmäßigen Zeilenabstände bis hin zu den wortauflösenden Zeilenumbrüchen) ins Auge sticht. Am Kontrast in der Behandlung der Systeme von Schrift und Architektur tritt die Außergewöhnlichkeit des Monumentes hervor.

Fehler

50

der mitleidswerthe naive Irrtum des gewaltigen Mannes* –

re USURY:
I was out of focus, taking a symptom for a cause.
The cause is AVARICE.«

---

* Hölderlin, *Sophokles. FHA* 16, Anmerkungen zum Oedipus, 253.
« Pound, *Selected Prose 1909–1965*. Edited with an Introduction by William Cookson (New York 1973), Foreword. Das sind die letzten Sätze, die Pound publiziert hat. Datiert sind sie auf den amerikanischen Unabhängigkeitstag 1972, niedergeschrieben in Venedig, wo er in diesem Jahr auch starb.

51

Ruskin, Morris und auch Pound richten ihre Arbeit an etwas aus, was traditionell mit dem Begriff ›Wert‹ bezeichnet wird.* Ihre Bücher suchen diesen Bezug, und sie versuchen, ihn auch gesellschaftlich wieder zur Geltung zu bringen. Seine Spitze hat Ruskins Beschluß, seine Bücher nur zu einem ›fixed price‹ zu verkaufen, ja gerade darin, die Wertbezogenheit, die als Erfahrung im Schreiben selbst gegenwärtig ist, dem Markt und seinen Teilnehmern zu kommunizieren – und sei dies auch gegen den beträchtlichen Widerstand des Marktes. Es gibt etwas an diesem herausgehobenen Erzeugnis menschlicher Arbeit, genannt Buch, das sich nicht im Horizont des Gesetzes von Angebot und Nachfrage fassen läßt, und von dem Ruskin wollte, daß es dezen-

---

* Pound war – unter Berufung auf Shelley – sogar der Meinung, zuletzt seien es nur die ›Poets‹, die Werte setzten: »All values ultimately come from our judicial sentences. (This arrogance is not mine but Shelley's [...])«. Brief an Felix E. Schelling, Paris, 9. Juli 1922, in: D. D. Paige (Hrsg.), *The Letters of Ezra Pound. 1907–1941* (London 1951), 249.

tral, von allen Buchhandlungen des Landes aus, an interessierte Leser vermittelt werden konnte. Im Lichte seiner Konzeption ist das Buch – wie es im Englischen heißt – ›*priceless*‹. ›Unbezahlbar‹, das wäre nur eine schlechte Übersetzung dieses Ausdrucks, denn sie liegt in der ausgezogenen Linie einer schlechten Unendlichkeit von Überbietungen und Finanztransaktionen, nicht jenseits ihrer.

Wenn man versucht, dem Wert des Buches nahezukommen, muß man sich davor hüten, die Erfahrung von Wert mit Praktiken der Verwertung, Bewertung und dergleichen zu verwechseln. Diese setzen allemal schon ›Wert‹ voraus und man kann aus ihnen für diesen Fragezusammenhang nichts entwickeln. Dasselbe läßt sich auch für den Marxschen Theorieansatz sagen, der beim Fragen nach der Differenz von Gebrauchswert und Tauschwert die Frage nach dem, was in beiden abgeleiteten Momenten gleichermaßen ›Wert‹ heißt, einfach überspringt.

Das Problem der Frage nach dem Wert ist nicht neu, und man kann vielleicht sagen, daß es in der ökonomischen Theorie immer dann an die Oberfläche tritt, wenn die Rede vom ›inneren Wert‹, vom ›Eigenwert‹ gegenüber relationalen Wertzumessungen ins Spiel kommt. In Ruskins Werk ist diese Frage nach dem ›intrinsic value‹ allgegenwärtig.

52

Ich zögere, das zu berühren, aber es gab 2012 eine Äußerung des korrupten ›Spielerberaters‹ von Mario Balotelli (er ist charakteristischerweise auch der ›Berater‹ von Zlatan ›Igzorn‹ Ibrahimović), die hierher gehört. Sie läßt den verkommenen Zustand des öffentlichen Redens über Wert vielleicht mehr als alles andere hervortreten.

Er proklamierte, ›sein‹ Spieler sei nun mehr wert als die Mona Lisa. Einmal unabhängig davon, ob man das Gemälde im Louvre schätzt oder nicht (ich mag es nicht) — grotesk ist die Lizenz im öffentlichen Palaver, die die durch die internationalen Geldwaschanlagen der Spielertransfers erzeugten Spekulationssummen mit dem Wert von Leonardos Gemälde in Beziehung zu bringen erlaubt. Aber das ist zugleich die Wahrheit über das — im Wortsinn — wertlose Finanzsystem der Jetztzeit.

Jeder kann antizipieren, daß man noch in fünfhundert Jahren (wenn es diese Gesellschaft, Menschen überhaupt, dann noch gibt) von der Mona Lisa sprechen wird. Das Gedächtnis des

Namens jenes italienischen Fußballspielers wird dann genauso pulverisiert sein wie seine vermeintlich kostbaren Gebeine. Und dennoch fand der Ausspruch des ›Beraters‹ in der Presse ein sehr unkritisches Echo. Es ist etwas heillos ›out of joint‹ geraten, wenn dergleichen Gewäsch im Körper einer Gesellschaft resonieren kann.

Ruskin hat der zugrundeliegenden markttotalitären Denkweise, wie sie im ›Berater‹-*malmot* so unmittelbar dümmlich zum Ausdruck kommt, schon 1872 in »Unto This Last« klare Worte entgegengesetzt. Aus seiner Wahrnehmung resultiert sie direkt aus der wertblinden ökonomischen Denkweise der Smithschen und Millschen Schule. Sie ist blind für jede Existenzform eines ›intrinsic value‹:

> So that the economist, in saying that his science takes no account of the qualities of pictures, merely signifies that he cannot conceive of any quality of essential badness or goodness existing in pictures; and that he is incapable of investigating the laws of wealth in such articles. Which is the fact. But, being incapable of defining intrinsic value in pictures, it follows that he must be equally helpless to define the nature of intrinsic value in painted glass, or in painted pottery, or in patterned

stuffs, or in any other national produce requiring true human ingenuity. Nay, though capable of conceiving the idea of intrinsic value with respect to beasts of burden, no economist has endeavoured to state the general principles of National Economy, even with regard to the horse or the ass. And, in fine, *the modern political economists have been, without exception, incapable of apprehending the nature of intrinsic value at all.**

---

* *CW* XVII 135. Herv. v. Ruskin.

Die Unfähigen

53

Im *Canto* XLVI zitiert Pound einen apokryphen Satz William Patersons (1658–1719), des Gründers der »Bank of England« (es gehörte zur vom Staat tolerierten Verschleierung ihrer Grundlage, daß sie als Korporation mit einem ›Staat‹ suggerierenden Namen auftrat*). Aus Pounds Sicht hat mit Paterson das auf Wucher basierende neuzeitliche Bankenunwesen einen ersten perversen Höhepunkt erklommen.☾ In dem

---

* Verstaatlicht wurde sie erst 1946.
☾ Der nächste findet sich dann Ende des 18. Jahrhunderts. Interessanterweise schrieb der erste Theoretiker der Totalüberwachung, Jeremy Bentham, Ausgang des Jahrhunderts ein rasch auch in andere Sprachen übersetztes Buch, das den Wucher offensiv propagierte – »a landmark in being the most complete abandonement of the old Christian prohibition of usury as well as the scholastic theory.« (Noonan, *The Scholastic Analysis of Usury*, 376, Fn. 80). Gemeint ist Benthams *Defence of usury. Shewing the Impolicy of the present legal Restraints on the Terms of pecuniary Bargains. In a Series of Letters to a Friend. To which is added, a Letter to Adam Smith, Esq; LL. D. On the Discouragements opposed by the above Restraints to the Progress of Inventive Industry* (London 1787). In einer Fußnote zum ersten Band des »Kapital« hat Marx ein sehr scharfes Urteil über Bentham gesprochen: »Wenn ich die Courage meines Freundes H. Heine hätte, wür-

langen, sich über 149 Verse erstreckenden *Canto* ist das Kryptozitat nicht nur durch Einrückung des ersten Verses, sondern vor allem durch die durchgängige Unterstreichung hervorgehoben, die nur hier, an dieser Stelle, begegnet: Die Bank

> Hath benefit of interest on all
> the moneys which it, the bank, creates out
> of nothing.*

Die Lizenz etwa, Zertifikate für Edelmetalleinlagen zu drucken, war für diese Schöpfung von Geld *ex nihilo* ein gutes Beispiel. Niemand wollte ja seine schweren Gold- und Silberbarren mit sich herumtragen. Darum deponiert man die materiellen Gegenstände bei der Bank und läßt sich ein Zertifikat über deren ›Wert‹ ausstellen. Damit eröffnet man der Bank die Möglichkeit, Kredite fast *ad libitum* einzuräumen. Da die Wahrscheinlichkeit äußerst gering ist, daß alle

---

de ich Herrn Jeremias ein Genie in der bürgerlichen Dummheit nennen.« Karl Marx, *Das Kapital*. Kritik der politischen Ökonomie. Erster Band, hrsg. v. Institut f. Marxismus-Leninismus beim ZK der SED (Frankfurt am Main 1976), 637. Bürgerliche Dummheit kann sehr gefährlich werden. – Was mir Marx vornehmlich so unsympathisch macht, ist seine Art zu schreiben, der Mangel an Idiosynkrasie. ›Freunde‹, deren Vornamen man abkürzt – eine misanthropische Art, sich zu artikulieren.

* Pound, *Die Cantos,* 360. Das Zitat findet sich nicht in William Patersons Programmschrift *A Brief Account of the Intended Bank of England* (London 1694).

kein materielles Korrelat

Einleger gleichzeitig ihre Einlagen sich materiell (i.e. als Goldbarren) auszahlen lassen würden, kann das ›übrigbleibende‹ Edelmetall mehrfach ›verkauft‹ werden.* Die Grundlage für alle Finanzkrisen – Gelddruck ohne jegliches materielles Korrelat (»hyper-usura« nennt Pound das☞) – war gelegt. Die Anleihe, die das angebliche Paterson-Wort bei der biblischen Schöpfungstheologie nahm, in der die ›*creatio ex nihilo*‹ ausschließlich Gott zukommt,★ zeigt zugleich, daß die fundamentale Sünde dieses auf Kredit basierenden Finanzsystems weniger die *usura,* sondern vielmehr die *superbia,* die Überhebung, war. Die Bank maßte sich eine gottgleiche Stellung an.

Der Anmaßung folgte Zynismus. Pound zitiert gleich darauf (wieder wörtlich) aus einem Text, der (wieder apokryph) einem der Roth-

---

* Mit Blick auf das Verhältnis von ›Bankgeld‹ zu ›Bargeld‹ überhaupt: Die »Übertragung eines Anspruches auf Geld« tut »unter Umständen bei der Abwicklung von geschäftlichen Transaktionen genau die gleichen Dienste […], wie die Übertragung des Geldes selbst. Es folgt daraus, daß das Publikum, wenn es sich davon überzeugt hat, daß dem so ist, häufig mit dem Besitz von übertragbaren Forderungen zufrieden sein wird, ohne danach zu streben, sie in Bargeld umzutauschen.« John Maynard Keynes, *Vom Gelde.* A Treatise on Money (München, Leipzig 1932), 18.

☞ Canto XLVI, Vers 114, in: *Die Cantos,* 362.

★ Zu diesem Theologen vgl. Gerhard May, *Schöpfung aus dem Nichts.* Die Entstehung der Lehre von der creatio ex nihilo (Berlin, New York 1978).

schilds zugeschrieben wurde. Er soll »'64 or there sometime«* aus London nach New York geschrieben haben (es war Zeit für eine Parallelaktion, der Gründung einer amerikanischen Zentralbank nach englischem Vorbild⁅):

* *Canto* XLVI Vers 81, in: *Die Cantos,* 360.
⁅ Die Datierung des angeblichen Rothschildbriefs auf 1864 ist vor dem Hintergrund eines anderen Datums, der Ermordung Abraham Lincolns am Karfreitag 1865, von Bedeutung. Pound läßt immer wieder durchblicken, daß diese Ermordung nicht nur aus den Rachegelüsten einiger Südstaatler resultierte, sondern handfeste ökonomische Interessen hinter ihr standen. Es ist bekannt, daß Lincoln sich gegen die Einrichtung einer amerikanischen Zentralbank nach dem Muster der englischen zur Wehr setzte und den Einfluß der Rothschilds im Amerikanischen Bürgerkrieg zu beschränken suchte. Ihre Bank finanzierte mit hohen Summen die Armee der Nordstaaten. Lincoln scheint ein scharfes Bewußtsein von der Problematik des Bankwesens entwickelt zu haben. Überliefert ist von ihm der Kommentar: »The money power preys upon the nation in time of peace and conspires against it in times of adversity. It is more despotic than monarchy, more insolent than autocracy, more selfish than bureaucracy. I see in the near future a crisis approaching that unnerves me, and causes me to tremble for the safety of our country. Corporations have been enthroned, an era of corruption will follow, and the money power of the country will endeavor to prolong its reign by working upon the prejudices of the people, until the wealth is aggregated in a few hands, and the republic is destroyed.« – Um die Ermordung Abraham Lincolns haben sich genauso viele Mythen gebildet wie um die John F. Kennedys.

Wenige

»Very few people
»will understand this. Those who do will be
occupied
»getting profits. The general public will
probably not
»see it's against their interest.*

---

* *Canto* XLVI, Vers 81–84, in: *Die Cantos,* 360.

54

Patersons »Brief Account« von 1694 verwendet die Rede vom intrinsischen Wert an prominenter Stelle. Die Verheißung einer *creatio ex nihilo*, aus der am Ende nur wiederum – Nichts hervorginge, wäre für die Einsetzung seines neuartigen Geldinstituts prohibitiv gewesen. Die Rückbindung der Kredite an eine substanzielle, unangreifbare Basis von so etwas wie ›Wert‹ war daher zu belegen. In kursiv hervorgehobenen Buchstaben widersprach Paterson daher der These,

> *that all Money and Credit having not an intrinsick value to answer the Contents and Denomination thereof.**

Ihr ›Wert‹ sei durchaus gedeckt, weil an den der Edelmetalle von Silber und Gold gekoppelt. Mit dieser Koppelung partizipierten Geld und Kredit an einem allgemein anerkannten materiell-intrinsischen Wert. Aber das ist – wie leicht zu sehen – ein Märchen. Auch Edelmetallpreise sind,

---

* Paterson, *A Brief Account of the Intended Bank of England*, 9f.

Gold und Silber

das hat die Entdeckung der »abundant mines«*
in Amerika dem Abendland vor Augen geführt,
beträchtlichen Kursschwankungen unterworfen.« Als fester Maßstab für ›Wert‹ fallen sie aus.

Zwischen Wert und Preis liegt eine Kluft, die durch den Bezug auf irgendein ›Substanzielles‹ nicht zu schließen ist. Wert ist nichts Materielles. Und er ist auch kein Objektives, durch eine Zahl oder eine Proportion zu fixieren. Innerhalb der klassischen Ökonomie muß ›Wert‹ daher immer ein Problem bleiben, weil diese etwas Meßbares sucht, wo gerade das Inkommensurable des Wertes den Maßstab ausmacht.*

Man kommt um dieses grundsätzliche Problem nicht dadurch herum, daß man dem Marxschen Hinweis in seinen Exzerpten zur politischen Ökonomie folgt, bei Paterson wie dann,

---

* Adam Smith, *An Inquiry into the Nature and Causes of the Wealth of Nations.* 2 Bde. (London ²1778), I 38.

« Ebd.: »Gold and silver, however, like every other commodity, vary in their value, are sometimes cheaper and sometimes dearer, of easier and sometimes of more difficult purchase.«

★ Eine Analogie läge in dem Versuch, Logiken zu konstruieren, die keine Axiome mehr voraussetzten. Die Axiome – sprachgeschichtlich selbst in den Umkreis von ›Wert‹, ›Würde‹ gehörend – sind von aller klassischen Logik vorauszusetzen. Man kann sie nicht mittels ihrer erschließen. Das heißt nicht, daß man nicht über sie nachdenken sollte. Aber dieses Nachdenken kann, methodisch gesehen, durchaus kein ›logisches‹ mehr sein.

wenig später, bei Locke werde die avancierte Einsicht Humes noch nicht erreicht, daß als Maß für den Zinsfuß die Profitrate anzusehen sei. Man hätte damit nur eine weitere statische Größe eingeführt.* Und auch wenn man mit Adam Smith ›Arbeit‹ (als Abstraktum) oder mit Marx die Arbeitskraft* (wieder als Abstraktum) an dessen Stelle setzt – den Horizont jener Vorstellung, die Wert wenn schon nicht direkt als ein Objektives, so doch als ein potentiell Objektivierbares nimmt, hat man damit noch nicht überschritten. Daß die klassischen Theoretiker der Ökonomie den Ausdruck ›Wert‹ meist so verwenden, daß er durch ›Preis‹ ersetzt werden kann, zeigt nur, daß sie mit dem Begriff nicht

---

* Karl Marx/Friedrich Engels. *Gesamtausgabe* (MEGA). Zweite Abteilung. »Das Kapital« und Vorarbeiten. Bd. 3 (Berlin 1979), Text, Teil 4, 1537.

‹ Smith, *An Inquiry into the Nature and Causes of the Wealth of Nations,* I 35: »Labour [...] is the real measure of the exchangeable value of all commodities.« Ebd., 43: »Labour, therefore, it appears evidently, is the only universal, as well as the only accurate measure of value, or the only standard by which we can compare the values of different commodities at all times and at all places.« Im nächsten Kapitel (I 6) der klassische Fehlschluß: »It is natural that what is usually the produce of two days or two hours labour, should be worth double of what is usually the produce of one day's or one hour's labour.« (55)

* Marx, *Das Kapital.* Kritik der politischen Ökonomie. Erster Band, Kapitel IV 3, 181–191 (wie Seite 228, Fn).

Abwehr

viel anfangen können.* Wenn sie Gedanken, die sich ihm explizit widmen, schnell als metaphysisch denunzieren,⟪ läßt sich an dieser Abwehr gut ablesen, welche Bedrohung er für das Fundament ihrer Theoriebildung darstellt. Der Abgrund aber zwischen Preis und Wert ist von Kant in der »Grundlegung zur Metaphysik der Sitten« mit der ihm eigenen Lakonik ausgesprochen worden: »Im Reiche der Zwecke hat alles entweder einen *Preiß* oder eine *Würde.* Was einen Preiß hat, an dessen Stelle kann auch etwas anderes als *Äquivalent* gesetzt werden; was dagegen über allen Preiß erhaben ist, mithin kein Äquivalent verstattet, das hat eine Würde.«★

---

* Auch alle aus der Scholastik hervorgehenden Theorien des ›gerechten Preises‹ sind leicht als Versuche zu erkennen, diese Kluft künstlich zu schließen. Sie lassen die Frage nach dem ›wahren Wert‹ eines Gegenstandes aber durchaus unbeantwortet. Im Grunde gilt: »The just price is the market price.« Noonan, *The Scholastic Analysis of Usury,* 86.

⟪ Philip Mirowski, *More heat than light.* Economics as social physics. Physics as nature's economics (Cambridge u.a. 1989), 141: »I would venture to think that the majority of economists, upon hearing the topic ›the theory of value,‹ would regard it as the province of endless mattering metaphysical speculations upon the ultimate nature of economy. These economists, out of frustration, or perhaps a disdain of philosophy, have sought to pass over these issues as rapidly as possible, in order to get to the ›real work‹ of economics.«

★ *Grundlegung der Metaphysik der Sitten* (Riga ⁴1797), 77.

55

Daher muß alles, was untereinander ausgetauscht wird, gewissermaßen quantitativ vergleichbar sein, und dazu ist nun das Geld (νόμισμα) bestimmt, das sozusagen zu einer Mitte (μέσον) wird. Denn das Geld mißt alles und demnach auch den Überschuß und den Mangel; es dient also z. B. zur Berechnung, wie viel Schuhe einem Haus oder einem gewissen Maß von Lebensmitteln gleichkommen. […] Ohne solche Berechnung kann kein Austausch (ἀλλαγή) und keine Gemeinschaft (κοινονία) sein. Die Berechnung ließe sich aber nicht anwenden, wenn nicht die fraglichen Werte in gewissem Sinne gleich wären. So muß denn für alles ein Eines als Maß bestehen, wie vorhin bemerkt worden ist. Dieses Eine ist in Wahrheit das Bedürfnis (χρεία), das alles zusammenhält. Denn wenn die Menschen nichts bedürften oder nicht die gleichen Bedürfnisse hätten, so würde entweder kein Austausch sein oder doch nicht in derselben Weise. Nun ist aber kraft Übereinkunft das Geld gleichsam Stellvertreter des Bedürf-

CHREIA

nisses geworden, und darum trägt es den Namen νόμισμα, weil es seinen Wert nicht von Natur hat, sondern durch das Gesetz (ἀλλὰ νόμῳ), und weil es bei uns steht, es zu verändern und außer Umlauf zu setzen.*

---

* Aristoteles, *Nikomachische Ethik* (Rolfes/Bien), 112f. (1133 a 18–34); Übersetzung leicht verändert von mir. Aus dem zitierten Text folgt unmittelbar, daß der Verkauf von Geld (Kredit mit Zins) der Abgrund dieser Bestimmung des Geldes ist – man verkauft das Maß, mit dem man alles mißt. Maßlosigkeit aber war das Schlimmste, was sich Aristoteles vorstellen konnte. Cf. zum Begriff des Maßes bei Aristoteles immer noch Harald Schilling, *Das Ethos der Mesotes*. Eine Studie zur nikomachischen Ethik des Aristoteles (Tübingen 1930).

56

OR ONE WORD WILL RUIN IT ALL,

as for example:
1. The mistranslation, or rather the insertion of the word ›value‹, where Aristotle said $\chi\rho\epsilon\acute{\iota}\alpha$, demand. Money is not a measure of value. The price is caused by demand.*

---

* Pound, *Guide to Kulchur*, 357. – Der chinesische Text meint dasselbe wie der englische.

»What's aught but as 'tis valued?«

57

Werterfahrungen sind an Arbeit (›labour‹) im Sinne der Überwindung eines Widerstands (materiell, spirituell) gekoppelt:

> Labour is the contest of the life of man with an opposite; – the term ›life‹ including his intellect, soul, and physical power, contending with question, difficulty, trial, or material force.*

Das heißt nicht, daß diese Erfahrungen mit Arbeit einfach identisch wären. Gleichwohl wird der Zusammenhang von ›Würde‹ und ›Wert‹, wie er sich sowohl im griechischen Wort ἄξιος als auch in der Wortgeschichte des Deutschen sammelt,❨ problematisch, wenn Arbeit nur noch als Ware unter anderen angesehen wird, de-

---

* *CW* XVII 94f. (»Unto This Last«).
❨ Kant in der *Grundlegung der Metaphysik der Sitten,* 77, setzt »Würde« und »innern Werth« direkt in Eines: »das aber, was die Bedingung ausmacht, unter der allein etwas Zweck an sich selbst seyn kann, hat nicht bloß einen relativen Werth, d.i. einen Preiß, sondern einen innern Werth, d.i. *Würde.*«

ren Preis relativ zum Markt und von diesem her (nicht aus sich selbst) bestimmt wird. Eine Spaltung im Begriff der Arbeit ist die direkte Folge. Es gibt dann ›gute‹ Arbeit, die auf Stärkung der lebendigen Kräfte aus ist (»wealth«);* und ›schlechte‹ (die eigentlich nicht mehr ›Arbeit‹ heißen dürfte), die auf deren Schwächung bis hin zum Tod hinausläuft (»illth«). Letzteres ist Arbeit im Horizont eines Kapitalismus Smithscher und Millscher Prägung. Ruskin hat versucht, das in »Unto This Last« unter Einbeziehung der griechischen Wortgeschichte zu beschreiben:

> Labour which is entirely good of its kind, that is to say, effective, or efficient, the Greeks

---

* Und genau das ist der Reichtum, der aus ihr resultiert. Vgl. die berühmte, provozierend direkt gegen Mills Prämisse des allbeherrschenden Eigeninteresses gerichtete Folgerung (von Ruskin selbst typographisch hervorgehoben): »THERE IS NO WEALTH BUT LIFE. Life, including all its powers of love, of joy, and of admiration. That country is the richest which nourishes the greatest number of noble and happy human beings; that man is richest who, having perfected the functions of his own life to the utmost, has also the widest helpful influence, both personal, and by means of his possessions, over the lives of others. | A strange political economy; the only one, nevertheless, that ever was or can be: all political economy founded on self-interest being but the fulfilment of that which once brought schism into the Policy of angels, and ruin into the Economy of Heaven.« Ebd., 105.

Axiomatik

called ›weighable,‹ or ἄξιος, translated usually ›worthy,‹ and because thus substantial and true, they called its price τῑμή, the ›honourable estimate‹ of it (honorarium): this word being founded on their conception of true labour as a divine thing, to be honoured with the kind of honour given to the gods; whereas the price of false labour, or of that which led away from life, was to be, not honour, but vengeance; for which they reserved another word [i.e. τίσις; RR] attributing the exaction of such price to a peculiar goddess, called Tisiphone, the ›requiter (or quittance-taker) of death‹; a person versed in the highest branches of arithmetic, and punctual in her habits; with whom accounts current have been opened also in modern days.*

Marx hat in einer Fußnote zum ersten Band des »Kapital« darauf hingewiesen,❨ daß es Hobbes war, der die nüchterne ›Einsicht‹ von der Relativität und zugleich Warenform der menschlichen Arbeit im »Leviathan« das erste Mal ausgesprochen hat. Auch die menschliche Arbeit gehört, so Hobbes, zu »this Matter, commonly called Commodities« – »exchangable for benefit, as

---

* Ebd., 95.
❨ Marx, *Das Kapital*, 184, Fn. 42.

»What's aught but as 'tis valued?«

well as any other thing.«* Diese (universale, *absolute*) Relativität des Wertes menschlicher Arbeitskraft korrespondierte genau mit der Relativität der Wortbedeutungen, deren ›Wert‹ eben auch über den ›Markt‹ festgelegt wurden. Anstelle des Kaufvertrags trat hier aber letztlich das Diktat, wenn man mit Wörtern überhaupt noch etwas anfangen wollte. Was ›gut‹ und ›böse‹ bedeutet, kann nicht erschlossen, sondern nur (letztlich arbiträr) entschieden werden:

> For these words of Good, Evil, and Contemptible, are ever used with relation to the person that useth them: There being nothing simply and absolutely so; nor any common Rule of Good and Evil, to be taken from the nature of the objects themselves; but from the Person of the man (where there is no Common-wealth;) or, (in a Common-wealth,) from the Person that representeth it; or from an Arbitrator or Judge, whom men disagreeing shall by consent set up, and make his sentence the Rule thereof.₡

* Thomas Hobbes, *Leviathan, or, The Matter, Forme and Power of a Commonwealth Ecclesiasticall and Civil* (London 1651), 127 (Kapitel II 24).
₡ Ebd., 24 (Kapitel I 6). Das ist – in einer bestimmten Phase seiner Entwicklung, beim Gespräch mit Rosincrance und Guildensterne – schon die Position Hamlets: »there is nothing either good or bad but thinking makes it so.«

Wölfe

Der Krieg aller gegen alle basiert auf einer absolut gesetzten Relativität aller semantischen Valenz. Deswegen haben — im proklamierten Naturzustand — auch die Wörter ›gerecht‹ und ›ungerecht‹ keinerlei Bedeutung an sich, Gewalt und Betrug sind die beiden Kardinaltugenden (»Force, and Fraud, are in war the two Cardinal vertues.«).*

Diese nüchtern ›wertfreien‹ Folgerungen waren, so abgeklärt formuliert, wie sie daherkamen, die Konsequenz aus der Erfahrung des englischen Bürgerkriegs, der die Vorstellung von intrinsischem Wert (nicht nur von Personen) destruiert hatte. Geoffrey Hill hat — einem der ›schwärzesten‹, pessimistischsten Bücher, die je geschrieben worden sind, Irene Coltmans »Private Men and Public Causes«, folgend₵ — die

---

(II 2, Zeile 246f.; dieser Passus nur im ersten Foliodruck). Man darf allerdings diese Äußerung weder mit Hamlets Haltung insgesamt ineins setzen (sein Charakter durchläuft einen Reifeprozeß), noch gar mit der Shakespeares selbst. Die *Darstellung* von Relativismus muß nicht selbst relativistisch sein.

* Ebd., 63 (Kapitel I 13).

₵ Irene Coltman, *Private Men and Public Causes.* Philosophy and Politics in the English Civil War (London 1962); deutsche Übersetzung: *Zwischen Rebellion und Unordnung.* Private Überzeugung und politische Notwendigkeit in der Zeit des englischen Bürgerkriegs (Weinheim 1986). Coltmans Buch folgt der Hobbes-Lektüre ihres Lehrers Leo Strauss und spitzt sie weiter zu.

»What's aught but as 'tis valued?«

Bedeutung der ›Widmung‹ des »Leviathan« an den in einem der ersten Gefechte des Bürgerkriegs gestorbenen Dichter und Poeten Sidney Godolphin hervorgehoben,* die wie ein Epitaph im abschließenden Kapitel »A Review, and Conclusion« erscheint und in ihrem hohen Ton so seltsam und denkwürdig von der an Zynismus❰ grenzenden *sobrietas* des »Leviathan« absticht:

> There is therefore no such Inconsistence of Humane Nature, with Civill Duties, as some think. I have known cleerneß of Judgment, and largeneß of Fancy; strength of Reason, and gracefull Elocution; a Courage for the Warre, and a Fear for the Laws, and all eminently in one man; and that was my most noble and honored friend Mr. *Sidney Godolphin;* who hating no man, nor hated of any, was unfortunately slain in the beginning of the late Civill warre, in the Publique quarrell, by an undiscerned, and an undiscerning hand.★

Das war, nach den ganz anderen, auf die unverrechenbare Bedeutung des Individuums und religiöse und philosophische Grenzen überschrei-

---

* Geoffrey Hill, *Rhetorics of Value,* in: The Tanner Lectures on Human Values 22 (2001), 255–283; hier: 259f.
❰ Hill spricht ebd., 260, von Hobbes' »cynism of despair«.
★ *Leviathan,* 390.

tende Verständigungsprozesse setzenden Erfahrungen des »Great Tew«-Zirkels vor Ausbruch des Bürgerkriegs,* ein emphatischer Abgesang auf die ›Werte‹, die jene Vorkriegszeit auszeichneten. Hobbes' Buch,

> whatever else it is or is not, is a tragic elegy on the extinction of intrinsic value. None of Hobbes's opponents understood this [...]. Hobbes's despair, in *Leviathan*, arises from the extinction of personal identity, which he in turn identifies with intrinsic value in the person of the young Royalist Sidney Godolphin.«

Die Identifikation von (a) personaler Identität überhaupt, (b) Träger eines ›intrinsic value‹ und (c) einer konkreten historischen Individualität, wie sie Hill hier vornimmt (und von der er behauptet, daß sie die Basis von Hobbes' Elegie

---

* In den Jahren um 1630 trafen sich auf den Gütern von Lucius Carey, Lord Falkland, in Great Tew (nördliches Oxfordshire) regelmäßig Schriftsteller (Cowley, Waller, Ben Jonson), Theologen, Politiker und Gelehrte, die aus dem nahen Oxford kamen. Die Atmosphäre war, wie Edward Hyde, der spätere Lord Clarendon festhielt, wie in einem College – nur »in a purer air«. Sidney Godolphin war ein prominentes Mitglied des Zirkels. Auch Hobbes konnte man dort zuweilen antreffen. Zur Bedeutung des Gesprächskreises vgl. Hugh Trevor-Roper, *The Great Tew Circle,* in: ders., Catholics, Anglicans and Puritans. Seventeenth Century Essays (London 1987), 166–230.

« Hill, *Rhetorics of Value,* 259.

mit dem Titel »Leviathan« war), ist indes ein Kurzschluß. Sie verfällt der Kritik, die gegenüber allen Versuchen, ›Wert‹ als etwas Substanzhaftes zu denken, angebracht ist. Werte gehen nicht dadurch unter, daß Personen, die für sie stehen (Verhältnis der Repräsentanz), sterben. Eher ist – beim Blick auf die »Ilias«, das »Nibelungenlied«, die lange Liste der Untergangsepen – das Gegenteil anzunehmen; eine Einsicht, die Hill streift, wenn er an anderer Stelle seiner *Tanner-Lectures* festhält, es sei »easier to say what ›intrinsic‹ value is in defeat than in victory.«*

Das ganze mit der Frage nach der Bedeutung des Opfers gekoppelte Phänomen der Ungreifbarkeit, Nicht-Dinghaftigkeit von Wert℃ hängt

* Ebd., 261.
℃ Die größte Herausforderung der westlichen ›Wertewelt‹ besteht heute in der freiwilligen Preisgabe des eigenen Lebens durch islamische Suizidattentäter. Sie stellen den allgemeinen materialistischen Konsens, man könne buchstäblich alles in Geld aufwiegen, in seiner zentralen Prämisse: daß das Materielle alles und das einzig Wichtige sei, radikal in Frage. Es ist nur ein historisches – nicht naturgesetzliches oder religiöses – Faktum, daß diese Provokation heute vom Islam ausgeht. Man muß, um christliche Beispiele anzuführen, nicht ins Mittelalter oder gar in die Frühkirche mit ihren Märtyrern zurückgehen. Noch in den Zeiten der Religionskriege war Zeugenschaft, die das Leben riskierte, auch im Westen eine Weise der Wertmanifestation. Und noch die Nazis haben, säkularisiert, diese Bereitschaft zur Selbstpreisgabe ›um eines Höheren willen‹ für ihre niedrigen politischen Ziele instrumentalisiert.

priceless

geradezu an der Nicht-Identität von materieller ›Repräsentanz‹ und ideellem Gehalt (und deshalb ist ›value‹ ›priceless‹). Die Bedeutung des fundamentalen axiomatischen Satzes: »die Würde des Menschen ist unantastbar« macht aus, daß er seine wahre Kraft gerade dort entfaltet – »the contest of the life of man with an opposite« –, wo die körperliche Unversehrtheit des Menschen in Frage steht. In Situationen, in denen keine Gefahr (für das Leben) besteht, tritt das Axiom sozusagen unauffällig in den Hintergrund zurück. Aktualisiert wird es nur im Horizont von Gefahr.

Die Rede von der ›Unantastbarkeit‹ ist in diesem Zusammenhang über ihren trivialen, aber irreführenden Verstand hinaus (daß die Menschenwürde zu schützen sei*) wörtlich zu verstehen: Diese Würde ist nicht mit Händen zu greifen. Man kann sie nicht *materialiter* begreifen. Deshalb zollt man der Menschenwürde auch

---

* In die Irre führt das triviale Verständnis, weil sich die Frage stellt, wie die beanspruchte *per se* Geltung des Satzes jeweils durch äußere Mittel (der Macht) durchgesetzt werden könnte. Denn das Zweifellose, das aus dem Satz spricht, führt – wie durch die Geschichte millionenfach bezeugt – nicht schon von sich aus den reklamierten realen Schutz mit sich. Den Satz in diesem trivialen Sinn zu verstehen, hieße nur, seine Geltung schlechterdings von einer kontingenten historisch-politischen Konstellation abhängig zu machen und ihn vom Axiom zur Maxime, ja zum *aperçu* herabzustufen.

»*What's aught but as 'tis valued?*«

dann noch Anerkennung, wenn der einzelne Mensch, den man sich als deren Träger vorstellt, schon tot ist. Ihr Wirkkreis erstreckt sich über das Grab hinaus. Daß man sie nicht dingfest machen kann, ist darum nicht nur kein Nachteil, sondern ihre eigentliche Stärke. Und darum konnte Hobbes aus dem Tod Sidney Godolphins nichts Allgemeines in der Frage eines ›intrinsic value‹ schließen – »weil sonst das Allgemeine im Individuum sich verlöre, und (was noch schlimmer, als alle großen Bewegungen des Schiksaals, und allein unmöglich ist) das Leben einer Welt, in einer Einzelnheit abstürbe«.*

---

* Hölderlin, *Grund zum Empedokles, FHA* 12, Empedokles I, hrsg. v. D. E. Sattler (Frankfurt am Main, Basel 1985), 430.

7. Februar 1603

58

Fast fünfzig Jahre vor dem Erstdruck des »Leviathan«, am 7. Februar 1603 – es war das Todesjahr Elisabeths I. –, wurde Shakespeares »Troilus and Cressida« im Verzeichnis der Londoner Buchhändler und Drucker (dem *Stationers' Register*) als Stück gelistet.* Vielleicht war es 1601 oder 1602 erstmals auf die Bühne gekommen – es gibt aber für eine Aufführung keine dokumentierte Evidenz. Ein Druck existierte 1603 noch

---

* Frank Kermode hat in einer Miszelle davor gewarnt, den Zeitsprung zwischen Hobbes und Shakespeare zu übersehen: *Opinion, Truth and Value,* in: Essays in Criticism 5 (1955), 181–187. Das war gegen den lehrreichen Essay von Winifred M. T. Nowottny, ›Opinion‹ and ›Value‹ in »*Troilus and Cressida*«, in: Essays in Criticism 4 (1954), 282–296, gerichtet, der das Stück vor dem Hintergrund Hobbesianischer Gedanken liest. Stichhaltig ist Kermodes Einrede nicht. Shakespeare war eben nicht nur Zeitgenosse der Elisabethanischen Ära. Sein Problembewußtsein und seine ästhetische Konzeption hat etwas entschieden Avantgardistisches, das man nicht mit einer solchen historischen Erinnerung zum Schweigen bringt. In der hier interessierenden Frage nach der Relation von Preis und Wert hat Shakespeare ein deutlich komplexeres Konzept als Hobbes, und dies schon darin, daß er nicht einfach ›eine These vertritt‹.

»What's aught but as 'tis valued?«

nicht, erst 1609 erschien der Text in einer Quartausgabe, auffallenderweise gleich in zwei Versionen, die sich durch das Titelblatt merklich unterscheiden.*

Vom Druck im »First Folio« von 1622–23 – er weicht in vielen Passagen von dem Quartodruck ab⟪ – wissen wir nicht, ob er auf eine spätere oder frühere Textvorlage zurückgeht als die Quartos von 1609. Die Textgrundlage für einen edierten Text liegt also nicht einfach auf der Hand. Im Grunde müßte in einer idealen Edition sowohl die Quarto-, als auch die Folioüberlieferung zu ihrem Recht kommen.* Aufgeführt

---

* Abbildungen der beiden Seiten in David Bevingtons Edition im Rahmen des *Arden Shakespeare* (London 1998), 124f. Der Titel in Version A lautet »THE | History of Troylus | and Cresseida. | *As it was acted by the Kings Maiesties* | *seruants at the Globe.*«, in Version B »THE | Famous Historie of | Troylus *and* Cresseid. | *Excellently expressing the beginning* | of their loues, with the conceited wooing | of *Pandarus* Prince of *Licia*.«

⟪ Und weist zudem die Eigentümlichkeit auf, daß er im Inhaltsverzeichnis der Folioausgabe nicht gelistet wird, teilweise unpaginiert ist und gattungsmäßig unbestimmt bleibt. Er ist zwischen die ›Histories‹ und die ›Tragedies‹ eingeschoben. Zu diesen Merkwürdigkeiten vgl. Bevingtons »Introduction«, 3f.

* Bevington hatte dem Verlag vorgeschlagen, beide Versionen integral abzudrucken. Dieser hatte dem aber – anders als bei der großen Ausnahme, dem »Hamlet« – nicht zugestimmt. Die Passagen seines Vorwortes, in der Bevington dieser Weigerung auch gute Seiten abzugewinnen sucht, gehören zu den kuriosen seiner Edition (xvi–xviii).

wird »Troilus and Cressida«, möglicherweise wegen seines eigentümlich dialektisch-rationalen Grundrisses, seiner kühlen, fast eisigen Anmutung, seinem durchgängig experimentellen Status,* eher selten. Es ist aber kein Zufall, daß es durch die existenzialistische Rezeption❰ in der Zeit nach dem Zweiten Weltkrieg neuentdeckt wurde und seither in der philosophischen und literaturwissenschaftlichen Diskussion beträchtliche Aufmerksamkeit gefunden hat.★

Shakespeares Text (»Scene: Troy, and the Greek Camp before it«❱) kreist in einer Analyse, die man chirurgisch nennen könnte, um die Frage nach der Bedeutung von ›Wert‹ in einer durch und durch von Gewinnstreben, Ruhm- und Eigensucht geprägten Umwelt. Der Rückgriff auf die griechische Antike ist nur Staffage. Der freie

---

* »If any consensus is to be found, it is that ›Troilus and Cressida‹ is an experimental play, characterized throughout by an intermingling of mode, tone, genre and style.« Bevington (Hrsg.), *Troilus and Cressida,* Introduction, 5.
❰ Immer noch lesenswert die 1945 erstmals publizierte Studie von Una Ellis-Fermor, ›Discord in the Spheres‹. The Universe of ›Troilus and Cressida‹, in: dies., The Frontiers of Drama. With an Introduction by Allardyce Nicoll and a Bibliography by Harold Brooks (London ²1964), 56–76.
★ Die bibliographischen Angaben in Bevingtons Ausgabe von 1998 zählen mehr als 550 Monographien und Aufsätze.
❱ Die Stadt der ›Besiegten‹ und die ›Sieger‹, die in den Vordergrund drängen.

»What's aught but as 'tis valued?«

Umgang mit seinen Quellen – bei Shakespeare die Regel, nicht die Ausnahme –, mehr aber noch die Struktur der Handlungsführung offenbaren, daß es Shakespeare nicht um eine Auseinandersetzung mit einer sagenhaften Vergangenheit ging. Er zielte auf eine Analyse der Gegenwart.

Geld- und Kaufmetaphern ziehen sich – das ist schon oft bemerkt worden* – wie ein roter Faden durch Shakespeares Text. Manifest ist, daß Kommerzialisierung alles durchdrungen hat. Achilles etwa, quer zur hagiographisch-sympathetischen Tradition, wird von Shakespeare als berechnender Charakter vorgeführt, der seinen ›Marktwert‹ dadurch steigert, daß er sich dem Kampf entzieht.☾ »Bargain«, Schnäppchen, ist im Konzert mit »buy«* und »sell«☽ eines der

---

* Vgl. die Übersicht und die Literaturangaben in Bevingtons »Introduction«, 67–76.

☾ Mit der Gefahr, die Agamemnon genau benennt: »That, if he overhold his price so much, | We'll none of him«. II 3, Vers 131f., Seite 210.

* Der Trojaner Calchas, der Vater Cressidas, zu den griechischen Heerführern in der Frage eines Austauschs seiner Tochter mit Antenor: »Let him be sent, great princes, | And he shall buy my daughter.« III 3, Vers 27f., Seite 243.

☽ Exemplarisch: »We two, that with so many thousand sighs | Did buy each other, must poorly sell ourselves | With the rude brevity and discharge of one.« Troilus zu Cressida, IV 4, Vers 38–40 (Seite 276).

Schnäppchen

Grundworte des Stücks.* Hier, im Ausgang des Elisabethanischen Zeitalters, in der Zeit des erstarkenden Frühkapitalismus, analysiert Shakespeare experimentell in einer Bühnenhandlung das Verhältnis von berechenbarem, relativen Preis und ›absolutem‹, inkommensurablen Wert.

* Pandarus – der »broker-between« – zu Troilus mit Bezug auf Cressida: »Go to, a bargain made. Seal it, seal it; I'll be the witness.« III 2, Vers 192f., Seite 240. Die Wiederholung des »seal it« zeigt, was von dieser Art der Zertifikation zu halten ist.

»What's aught but as 'tis valued?«

59

In jeder Personenkonstellation, die Shakespeares Drama entwickelt, wirkt das zugrundeliegende Thema von Preis und inkommensurablem Wert. Das titelgebende Paar, Troilus und Cressida, markiert dabei nur den Vordergrund, seine Beziehung wird von Grund auf durch Verhältnisse des Tausches und der Ent-Täuschung bestimmt. Abstrakter zugespitzt wird das Grundproblem des Stücks in den Reden Hectors einerseits, dem Handeln Achilles' andererseits. Hector – die einzige Person übrigens, die nicht enttäuscht wird* – vertritt eine Position, die ›Wert‹ als etwas Substanzielles denkt und damit zugleich einen Maßstab zu haben scheint, andere beurteilen zu können.

Die berühmte Rede im zweiten Auftritt des zweiten Aktes ist von Shakespeare in den Kriegsrat der Trojaner plaziert. Das Gespräch kreist um die Frage, ob man Helena nicht doch den Griechen herausgeben soll. Nestor hatte dafür von griechischer Seite die Einstellung aller krie-

* Kermode, *Opinion, Truth and Value*, 186.

Der Preis des Raubs

gerischen Handlungen angeboten. Als stärkster Krieger wird Hector zuerst um seine Einschätzung gebeten. Seine entschiedene Empfehlung – »Let Helen go«* – begründet er mit der Unverhältnismäßigkeit der Opfer. Es gibt keinen vernünftigen Grund, den Raub zu behalten:

> To guard a thing not ours, nor worth to us,
> (Had it our name) the value of one ten,
> What merit's in that reason which denies
> The yielding of her up?«

Als sein Bruder Troilus einwendet, ›reason‹ sei kein Gesichtspunkt für die zu treffende Entscheidung, sondern führe nur zur Schwächung der Tatkraft (»lustihood«*), erwidert Hector, indem er sich *expressis verbis* auf die Unverhältnismäßigkeit von Wert und Preis bezieht:

> Brother, she is not worth what she doth cost
> The keeping.»

Die Versgrenze trennt hier den Preis schlechthin für Helena von dem, was ihre ›Aushaltung‹ ihrer Subsistenz kostet. In der Folioausgabe steht an dieser Stelle statt ›keeping‹ ›holding‹ – ein deut-

---

* II 2, Vers 17, Seite 191.
« Ebd., Vers 22–25.
* Ebd., Vers 50.
» Ebd., Vers 51f.

lich polyvalenterer Ausdruck, der im Horizont frühkapitalistischer Ökonomie seit 1573 bezeugt ist.*

Indem die berühmte lakonische Antwort des Troilus die zweite Hälfte des Verses ausmacht, ist diese spekulative Bedeutung (im ökonomischen Sinn von ›Anteil‹, ›Geschäftsbeteiligung‹) genau auf sie zu beziehen.

The holding.
What's aught but as 'tis valued?

Sprechend ist, daß sich Troilus in seiner kargen Replik – die Pronomen verschwinden in dieser Redeökonomie fast – des Neutrums und nicht des Femininums bedient. Der erste Vers Hectors mit seinem persönlichen Bezug auf Helena wirkt wie vergessen. Es geht nur noch um ›keeping‹/›holding‹. Troilus redet von einem Ding, nicht von einem menschlichen Individuum:

---

* James August Henry Murray u.a. (Hrsg.), *The Oxford English Dictionary*. Being a corrected re-issue with an introduction, supplement, and bibliography of A new English dictionary on historical principles; founded mainly on the materials collected by The Philological Society, 12 Bde. u. 5 Erg.-Bde. (Oxford 1933–1986; zuerst in Faszikeln ab 1884), s. v., V 336, notiert den ersten Gebrauch des Wortes im Sinne von »Property held, esp. stocks or shares« einen Beleg aus dem Jahr 1573: »The sayde wardens [...] shall have for their paynes double holdinges of all the bargaines.«

Die Helena-Holding

What's aught but as 'tis valued?*

Das ist die Wahrheit über das Spekulationsobjekt und seinen relativen ›Wert‹. Das ist aber nicht schon das Schlußwort zum Problem des Werts überhaupt. Provoziert von der offenkundigen Rhetorik der Troilusschen Frage, die die Antwort als selbstverständlich gleich einstreichen will, kehrt Hector die Bedeutung des intrinsischen Wertes hervor (und damit verläßt die Rede die Sphäre der Helena-›Holding‹).

Aufschlußreich für die prozessuale Entwicklung des *Werts einer Äußerung* (›Bedeutung‹) in Verssprache ist, wie Shakespeare an dieser Stelle des Stücks Hector in der Verlaufsform der Replik selbst von der absoluten Negation der relativistischen Konzeption zu einer gleichwiegenden Auffassung kommen läßt. Hectors Rede ist nicht einfach das Aussprechen einer vorausliegenden substanziellen Einsicht. Sie ändert ›ihren Wert‹ im Fortgang der Äußerung:

---

* Vers 52. Werner Brönnimann-Egger, *William Shakespeare, Troilus and Cressida. Troilus und Cressida*. Englisch-deutsche Studienausgabe. Deutsche Prosafassung, Anmerkungen, Einleitung und Kommentar von W. B.-E. (Tübingen 1986), 128, übersetzt: »Was gilt überhaupt etwas, als wie es bewertet wird?« Vgl. Wolf Graf Baudissin: »Was hat wohl andern Wert, als wir es schätzen?« William Shakespeare, *Dramatische Werke*. Übersetzt von August Wilhelm Schlegel und Ludwig Tieck (u.a.), 3 Bde. (Frankfurt am Main, Wien, Zürich [o. J.]), II 894.

»*What's aught but as 'tis valued?*«

But value dwells not in particular will;
It holds his estimate and dignity*

Das ist zunächst die direkte Zurückweisung der relativistischen Position (und es ist darauf zu achten, daß in diesen beiden Versen ›Wert‹, ›Schätzung‹ und ›Würde‹, der ganze Zusammenhang des Axiomatischen, in direkte Beziehung zueinander gebracht werden und zugleich – jedenfalls im semantischen Feld der Folioausgabe – das Wort ›*hold*‹ in seiner Semantik aus der Sphäre der finanziellen Spekulation in die der ›Haltung‹ zurückgeholt wird).

Es ist alles andere als selbstverständlich, daß mit dem »as well« des folgenden Verses die abstrakte Entgegensetzung zurückgenommen wird. ›Bedeutung‹ in literarischen Texten dieser Art liegt nicht einfach fest, sondern wird im Prozeß der Artikulation hervorgebracht (und d.h. manchmal auch: rückwirkend reinterpretiert). Shakespeares Behandlung des Verses – die Versgrenze im Wortsinn als Ort der Wendung, der

---

* Vers 53 f. Baudissin übersetzt: »Doch nicht des Einzeln Willkür gibt den Wert, | Er hat Gehalt und Würdigkeit […]« (II 894). Die Prosaübersetzung Werner Brönnimann-Eggers muß die semantische Bedeutung der Versgestalt aus systematischen Gründen unterdrücken: »Aber Wert beruht nicht auf der Willkür einer Person; er besitzt seine hohe Einschätzung und Würde […]« (128).

Reflexion, der Besinnung – läßt die Souveränität Hectors hervortreten. Er verhält sich, innehaltend, zu dem, was er Troilus zunächst abstrakt entgegengesetzt hat. Schätzung ist ohne ein subjektives Moment nicht zu denken. Eingeräumt wird: Der Wert *soll* gelten.*

Indem er die Substanz seiner Rede im Sinne einer Anerkennung des Subjektiven modifiziert, vollzieht seine Äußerung – die nicht im Abstrakt-Substanziellen sich einpfählt – die Bewegung, *als Sprachhandlung in der Tat* zu realisieren, wovon sie nur zu sprechen scheint. In Hectors Rede offenbart sich ein differenziertes Bewußtsein, das Wert als etwas Komplexes begreift. Er gründet nicht im Relativismus einer äußerlichen Preisbildung (gemäß der Marktregel von Angebot und Nachfrage), noch auch kann er einfach gesetzt und behauptet werden.

> As well wherein 'tis precious of itself
> As in the prizer. 'Tis mad idolatry
> To make the service greater than the god;

---

* Ulysses ist es, der aus einer distanzierteren Warte diesen Zusammenhang mehrfach ausspricht. »He [...] points out the inseparable relationship between the two aspects, intrinsic value and assessed value, in man's experience, and declares that without the second the first is unfulfilled.« Ellis-Fermor, ›Discord in the Spheres‹, 66.

»What's aught but as 'tis valued?«

> And the will dotes that is attributive*
> To what infectiously itself affects,
> Without some image of th'affected merit.

Um die ganze Kunstfertigkeit Shakespeares an dieser Stelle zu verstehen, muß man nicht nur sehen, daß die beiden gleichwiegenden Aspekte hier durch die Versgrenze voneinander abgesetzt werden. Das Auseinanderklaffen beider wird – trotz ihrer Zusammengehörigkeit – formal unterstrichen.

An der Juxtaposition der beiden Redeeinheiten (Kola) im nächsten Vers

> As in the prizer. 'Tis mad idolatry

zeigt sich, *vermittelt über die Form des Verses,* daß der »prizer«, wenn er isoliert und gleichsam verabsolutiert auftritt,☾ die »mad idolatry« *in personam* repräsentiert – Resultat einer Pathologie narzißtischer Selbstliebe. »Dotes« hier als starkes Wort für ›abgöttisches‹ Lieben, aber nicht eines andern, sondern seiner selbst. Der Preisrelativismus ist Ausdruck einer sich selbst verzehrenden, autokannibalistischen Gier.★ Der ›merit‹ des

---

* Die Folioausgabe hat hier, den Abstand anzeigend, statt »attributive« das Adjektiv »inclinable«.

☾ Behauptung des Protagoras, daß der Mensch das Maß aller Dinge sei.

★ In seiner langen Rede hat Ulysses das – Hobbessche Bildbereiche vorwegnehmend – bereits in I 3 ausgesprochen:

Autokannibalismus

Gegenstands ist dabei vergessen. Hectors Insistenz, ihn zu verteidigen, erscheint, vom Ende seiner Rede her, besser begründet denn je.

»Then everything includes itself in power, | Power into will, will into appetite; | And appetite, an universal wolf, | So doubly seconded with will and power, | Must make perforce an universal prey | And last eat up himself. Great Agamemnon, | This chaos, when degree is suffocate, | Follows the choking.« (Vers 119–126)

»What's aught but as 'tis valued?«

60

Reflektierte Begründung — ›reasoning‹ — ist das eine, das andere ist die Gewalt der Verhältnisse, der die Gestalt Hectors und das, was sie repräsentiert, ausgesetzt ist. Man kann das kaum stärker herausarbeiten als Shakespeare das in der achten Szene des fünften Auftritts — einer der kürzesten des Stücks überhaupt — getan hat. Hector tritt hier auf als jemand, der eben noch auf dem Schlachtfeld jemanden getötet hat, von dem er sagt, die schöne, auffallende Außenseite seiner Rüstung, mit der er seinen vollständig verfaulten Kern verdeckt habe, habe ihn das Leben gekostet (»Most putrefied core, so fair without, / Thy goodly armor thus hath cost thy life«*).

Das ist eine — am Leitfaden der Vorstellung von Innen und Außen — präzis ins Inverse gespiegelte Wiederaufnahme der in II 3 exponierten Wertproblematik. Die ausschmückende Verstärkung eines Äußeren hilft nicht nur nichts, wenn es um das Leben ohne ›intrinsic value‹⟅

---

* V 8, Vers 1–2, Seite 347.
⟅ Das ist das »[m]ost putrefied core«.

Strike, fellows, strike

geht, sie führt im Gegenteil durch den offenen Appell an den ›appetite‹ geradezu den Tod des Lebendigen herbei. Hector ist für diese Struktur lethal; sie zu beseitigen – sein »day's work«.

Um sich auszuruhen und um Atem zu holen (»I'll take my breath«), legt Hector den Helm ab und »hangs his shield behind him«. Er ist wehrlos, als Achilles mit seinen Myrmidonen auftritt und – ohne Rücksicht auf die Ehrlosigkeit seines Tuns – bei Hectors Anblick sogleich das Todesurteil über diesen spricht (»Hector's life is done«).

Die Erinnerung und Mahnung Hectors, er sei wehrlos und unbewaffnet (»I am unarmed«), wird überhört, jede persönliche Rede vermieden.* Statt dessen gibt Achilles seinen namenlosen Begleitern den Befehl, Hector abzumetzeln: »Strike, fellows, strike«.

Lakonisch heißt es darauf, ohne daß dieser auch nur einmal noch etwas sagen kann, »Hector falls«. Und wie um die ›Wertlosigkeit‹ Achilles' in der Darstellung abschließend zu unterstreichen, befiehlt dieser seinem gehorsamen Anhang, den Mord am wehrlosen Hector als sei-

---

* In Kontrast zum einleitenden Vers des Achilles, der Hector noch direkt anspricht: »Look, Hector, how the sun begins to set«, V 8, Vers 5, Seite 347.

»*What's aught but as 'tis valued?*«

nen, den Sieg Achilles' zu bewerben, obwohl er dafür keinen Finger krumm gemacht hat*:

On, Myrmidons, and cry you all amain
›Achilles hath the migthy Hector slain!‹

Die Vorführung der perversen *self-advertising company*, als die man Achilles von Anfang an in Shakespeares Stück wahrnehmen kann, wird hier, im Zusammenhang des in Auftrag gegebenen Mordes, auf die Spitze getrieben. Und dies nicht etwa, weil man hier Achilles beim lügnerischen Mythenbilden seiner Werbemaschine genau zusehen kann (ein Blick hinter die Kulissen), sondern vor allem deshalb, weil dieser Achilles in schroffem Gegensatz zum überlieferten Achillesbild steht, wie es von Homer etabliert und immer weiter tradiert wurde. Shakespeare bricht, seinerseits gewaltsam, mit dieser Überlieferung und stellt das archetypische ›Denkmal‹ großer Tugend bloß. Das leuchtende Vorbild für das, was die Griechen mit dem schillernden Ausdruck $\tau\bar{\iota}\mu\acute{\eta}$ nannten, Achilles, ist tatsächlich ehr- und haltungslos.⟪

---

* Aufführungen, die Achilles beim Abschlachten selbst Hand anlegen lassen, verfehlen die Schärfe der Shakespearschen Darstellung.

⟪ Achilles' eigene Vorstellung von ›honor‹ mißt der Äußerlichkeit – »place, riches, and favor« – einen bedeutenden Stellenwert bei (III 3 Vers 80–86; Seite 246f.).

Gemetzel

61

Die Wehrlosigkeit dessen, der für den ›intrinsic value‹ einsteht und sich für ihn schlägt, und die Wertlosigkeit des vermeintlichen Werteträgers, der ihn abschlachten läßt und den anerlogenen Ruhm, ihn getötet zu haben, für sich einstreicht – das ist das Tableau dieser kurzen, exzentrisch zentralen Szene V 8, das die Struktur des Problems in sich sammelt. Man darf aber das von Shakespeare *materialiter* eingesetzte Bühnengeschehen nicht mit seiner Darstellungstendenz ineinssetzen – so, als zeige sich hier affirmativ, am brutal herbeigeführten Tod Hectors, die reine Negativität, der Zusammenbruch jeden Wertbezugs.*

An der Engführung der Szene V 8 tritt vielmehr zunächst nur die Wahrheit zutage, daß der ›unantastbare‹ Wert, für den Hector in diesem Stück einsteht, nichts Substanzhaftes, kein realer Gegenstand, und auch nicht der speziel-

---

* Wie das etwa in der immer wieder von der Forschung wiederholten Behauptung Ellis-Fermors geschieht: »The writer of this play is a man to whom values have become suspect« (Ellis-Fermor, ›Discord in the Spheres‹, 67).

le eines menschlichen Körpers ist. Aber das ist nicht alles. Man kann geradezu sagen, daß es für die Shakespearesche Darstellung (die das ganze Stück hindurch kritisch und wie jede Darstellung indirekt ist*) darauf ankommt, daß der Wert, den Hector repräsentiert, erst in seinem Untergang glänzend hervortreten kann. Es ist von genauem und kühnem Kalkül, daß – gegen die gesamte Tradition – ein subvertierter, zum Schurken und Schlächter uminterpretierter Achill und nicht der positiv auf $τῑμή$ bezogene Held der »Ilias« seinen Tod veranlaßt. Vor diesem schwarzen Hintergrund hebt sich die Gestalt Hectors ab. Klar und hell.

---

* Darstellung ist immer ›indirekte Mitteilung‹ im Hamannschen und Kierkegaardschen Sinn. Die Maßstäbe setzende Interpretation von Terence Eagleton, *Shakespeare and Society.* Critical Studies in Shakespearean Drama (New York 1967), folgert aus dem Umstand, daß auf stofflicher Ebene ›intrinsic value‹ gewaltsam destruiert wird, Shakespeare habe den Gedanken daran selbst preisgegeben (etwa 28 f.). Das Gegenteil ist der Fall. Zu zeigen, daß Wert nichts Materielles ist, heißt keineswegs, daß man eine wertnihilistische Position vertritt.

Indirekte Mitteilung

62

Es ist ein kunstblinder Fehlschluß, aus dem Sieg der Gewalt, der Täuschung, des gleichgültigen Relativismus auf der Stoffebene von »Troilus and Cressida« zu folgern, Shakespeares Stück habe keinen Bezug auf ›Wert‹. Joyce Carol Oates, die noch bevor sie Schriftstellerin wurde, zwei Essays* zum Stück publiziert hat, hat nur mit Blick auf die materiellen Bewegungen des Stücks recht, wenn sie notiert: »No darker commentary on the predicament of man has ever been written.«⊄ Denn das heißt nicht, daß Shakespeares Stück mit der dargestellten haltlosen Bewußtseinsform des ›geistigen Tierreichs‹ paktiert, in der noch jede Argumentation käuflich, eine Hure, ist.* Das Innewerden der Wehr-

---

* Joyce Carol Oates, *The Ambiguity of ›Troilus and Cressida‹*, in: Shakespeare Quarterly 17 (1966), 141–150; Joyce Oates Smith, *Essence and Existence in Shakespeare's ›Troilus and Cressida‹*, in: Philological Quarterly 46 (1967), 167–185.
⊄ *Essence and Existence in Shakespeare's ›Troilus and Cressida‹*, 169.
* So schon der frühe, über den engeren Kontext hinausweisende Kommentar des Thersites in II 2: »Here is such patchery, such juggling and such knavery! All the argument

losigkeit, des Unbewaffnetseins von ›Wert‹, die radikale Infragestellung in einer Krise und die akute Wahrnehmung der Gefährdung gehört zur Werterfahrung unabdingbar hinzu.

Wenn Ruskin zu einem bestimmten historischen Zeitpunkt des industriellen Kapitalismus über Getreide, Luft und Blumen (man könnte das Wasser hinzunehmen) schreibt, sie hätten einen intrinsischen Wert,* so nicht deshalb, weil er der Meinung war, Wert könne an sich in diesen Gegenständen liegen (Wert als Substanz). Er wußte nur zu gut, daß dieses Konzept unsinnig ist.« Die Kraft seiner Intervention nährt sich aus der an die Grenze der Verzweiflung rührenden Wahrnehmung, daß die Qualität des Getreides, die Reinheit der Luft und die Schönheit der Blumen durch die verheerenden Auswirkungen des Manchesterkapitalismus gefährdet waren. Heute: Wasser, das privat ›vermarktet‹ werden soll – und in Afrika (Nestlé™) seit langem vermarktet wird. Wo die Gefahr wächst, können ganz selbstverständliche Sachen einen Wert gewinnen. Und ›Definitions‹ wurden notwendig – um Wert vom »head of money« (*head*/*caput*/Kapital) abzugrenzen:

is a whore and a cuckold; a good quarell to draw emulous factions and bleed to death upon.« Zeile 68–71, Seite 207.
* *CW* XVII 153 (»Munera Pulveris«).
« Vgl. zu dieser Passage Hill, *Rhetorics of Value*, 279f.

The reader must, by anticipation, be warned against confusing value with cost, or with price. *Value is the life-giving power of anything; cost, the quantity of labour required to produce it; price, the quantity of labour which its possessor will take in exchange for it.* Cost and price are commercial conditions, to be studied under the head of money.

Intrinsic value is the absolute power of anything to support life. A sheaf of wheat of given quality and weight has in it a measurable power of sustaining the substance of the body; a cubic foot of pure air, a fixed power of sustaining its warmth; and a cluster of flowers of given beauty a fixed power of enlivening or animating the senses and heart.

It does not in the least affect the intrinsic value of the wheat, the air, or the flowers, that men refuse or despise them. Used or not, their own power is in them, and that particular power is in nothing else.*

Sehr klar ist in diesen Passagen ausgesprochen, daß Werterfahrungen kommunikativ-freie Akte sind, die nicht erzwungen werden können (›Kommunikation‹ freilich nicht im Sinne Watzlawicks oder noch trivialerer Modelle etwa

---

* *CW* XVII 153 (»Munera Pulveris«).

der ›Übermittlung einer Botschaft‹ oder von ›Interaktion‹*). Wie beim Erzählen eines Witzes niemand dazu veranlaßt werden kann, ihn als Witz anzuerkennen, ihn ›witzig‹ zu finden, so auch beim Wert – wie man überhaupt am Modell des Witzes gut die Strukturbedingungen von Wert studieren kann. Eine bestimmte Disposition, Geneigtheit des Zuhörers ist vorauszusetzen, aber sie kann durch kein Mittel ›herbeigeführt‹, gar erzwungen werden. Wie Witz so setzt auch ›Wert‹ eine Konstellation voraus, die dem, der in sie eintritt, am Wert partizipieren läßt:

> But in order that this value of theirs may become effectual, a certain state is necessary in the recipient of it. The digesting, breathing, and perceiving functions must be perfect in the human creature before the food, air, or flowers can become of their full value to it. The production of effectual value, therefore, always involves two needs: first, the production of a thing essentially useful; then the production of the capacity to use it. Where the intrinsic value and acceptant capacity come together there is Effectual value, or wealth; where there is either no intrinsic value, or no

---

* Zur Kritik vgl. RR, »... / *Die eigene Rede des andern.*« Hölderlins »Andenken« und »Mnemosyne« (Basel, Frankfurt am Main 1990), 23–25.

Die Liste

acceptant capacity, there is no effectual value; that is to say, no wealth. A horse is no wealth to us if we cannot ride, nor a picture if we cannot see, nor can any noble thing be wealth, except to a noble person. As the aptness of the user increases, the effectual value of the thing used increases; and in its entirety can co-exist only with perfect skill of use, and fitness of nature.*

Und dann macht Ruskin – es ist rührend, das zu sehen – eine auf Vollständigkeit zielende Liste »of valuable material things«; Immaterielles ist hier explizit ausgeklammert. Auf den ersten Blick eine Naivität, aber auf den zweiten: will man sie durch ein Auto, eine Armbanduhr, ein *smartphone* gar ergänzen?

(i.) Land, with its associated air, water, and organisms.
(ii.) Houses, furniture, and instruments.
(iii.) Stored or prepared food, medicine, and articles of bodily luxury, including clothing.
(iv.) Books.
(v.) Works of art.❰

Das ist: eine Liste *gefährdeter* Dinge.

---

* *CW* XVII 154 (»Munera Pulveris«).
❰ Ebd. Auch ›clothing‹, ja: wenn alle Kleidung unter menschenunwürdigen Bedingungen hergestellt wird.

»What's aught but as 'tis valued?«

63

Bücher – als materielle Gegenstände in der Witterung der Gefahr. Was sind ihre »conditions of value«?

> The value of these consists,
> First, in their power of preserving and communicating the knowledge of facts.
> Secondly, in their power of exciting vital or noble emotion and intellectual action. They have also their corresponding negative powers of disguising and effacing the memory of facts, and killing the noble emotions, or exciting base ones. Under these two heads we have to consider the economical and educational value, positive and negative, of literature; – the means of producing and educating good authors, and the means and advisability of rendering good books generally accessible, and directing the reader's choice to them.*

---

* Ebd., 157.

64

Das Buch ist *materiell* anfaßbar, ein *codex*, ein tetragonaler Quader; gut verarbeitet ist es, wie Valéry ausgeführt hat, eine perfekte Lesemaschine, dauerhaft und seinem Zweck angemessen. Seine Würde aber ist, wie die des Menschen, unantastbar, nicht mit Händen zu greifen. Das heißt nicht, daß es sie nicht gibt. Intensive menschliche Arbeit, die Auseinandersetzung mit dem Widerstand, der sich dem Schreiben entgegenstellt, die Herausforderung der Typographie, die Kette der Herstellung, die Distribution, haben an ihr teil.

Man kann das, wenn man es sonst nicht erträgt, für eine zufällige Koinzidenz halten (aber hier, im Horizont der »Fors«, läßt sich diese leicht zu durchschauende Reflexionsabwehr nicht lange aufrechterhalten): Historisch bezeugt ist, daß in Weltstrichen, in denen Bücher vernichtet wurden (und werden), auch mit den Individuen bald nicht viel besser umgegangen wird. Wenn in Universitätsbibliotheken wie denen von Mainz und Konstanz (es sind wahrscheinlich noch weitere, von den beiden habe ich direkte Kenntnis) Bücher und wissenschaftliche Zeitschriften auf dem antiquarischen Markt verschleudert oder gar auf den Müll geworfen wurden (und werden), so ist daran die Blindheit einer sich von kultureller Reflexion enthoben glaubenden ›Bildungs‹-Bürokratie genausogut ablesbar wie das blinde Vertrauen in eine ›neue‹ – es ist in Wahrheit die alte bürokratische Verrechnung von »Zahlen und Figuren«,* nur perfektioniert und ›weltweit abgeglichen‹ – Technik, die scheinbar alle Probleme der nachhaltigen Speicherung von Text ›gelöst‹ hat.

Es ist genau dieses reflexionslos sich vollziehende Verwaltungshandeln, die Korporation der »hapless clerks«, eine bestimmte Art von Geschäftsleuten, die (wie Morris sagt) Angst haben, »ihre Seele ihr eigen zu nennen«,❰ die kritiklose

---

* Aus den Nachlaßmaterialien zum »Heinrich von Afterdingen« von Novalis: »Wenn nicht mehr Zahlen und Figuren | Sind Schlüssel aller Kreaturen | Wenn die so singen, oder küssen | Mehr als die Tiefgelehrten wissen, | Wenn sich die Welt ins freye Leben | Und in die Welt wird zurück begeben, | Wenn dann sich wieder Licht und Schatten | Zu ächter Klarheit wieder gatten, | Und man in Mährchen und Gedichten | Erkennt die wahren Weltgeschichten | Dann fliegt vor Einem geheimen Wort | Das ganze verkehrte Wesen fort.« Novalis (Friedrich v. Hardenberg), *Schriften.* Historisch-kritische Ausgabe. 6 Bde. in 8 Teilbden. Hrsg. v. Richard Samuel, Hans-Joachim Mähl und Gerhard Schulz (Stuttgart 1960–2006), I 344.

❰ *Art and Socialism,* 109: »But I beg you to think of the enormous mass of men who are occupied with this miserable

Schöpferische Zerstörung

Unterwerfung an beworbene Technik, das »ganze verkehrte Wesen«, die Anlaß zur Sorge geben und – in Gefahr – das Bewußtsein vom Wert des Buches aktivieren. In Ruskins Schriften findet sich eine konkrete Antizipation dieser Sorge. Er hat die Destruktionslust um sich herum scharf wahrgenommen – und versucht, durchaus praktische Folgerungen daraus zu ziehen und, ihnen entsprechend, durch die Mittel, die ihm zur Verfügung standen, zu intervenieren. Das genaue Gegenteil des unbeteiligten Zuschauers, der einen als abgründig erkannten Prozeß sich vollziehen läßt, weil er Angst hat, durch seinen Eingriff selbst mit in den möglichen Untergang gerissen zu werden.

Nichts ist weiter von dieser Haltung entfernt als Schumpeters einverständiges, Souveränität und Abgeklärtheit reklamierendes Paktieren mit der von ihm so benannten ›schöpferischen Zerstörung‹. Sie hilft dem historisch Handelnden wie überhaupt so auch nicht beim Blick auf das

> trumpery, from the engineers who have had to make the machines for making them, down to the hapless clerks who sit daylong year after year in the horrible dens wherein the whole wholesale exchange of them is transacted, and the shopmen who, not daring to call their souls their own, retail, retail them amidst numberless insults which they must not resent, to the idle public which doesn't want them, but buys them to be bored by them and sick to death of them.«

»What's aught but as 'tis valued?«

Schicksal des Buches und des Buchhandels.*
Reklamiert wird von ihr eine Perspektive, die allenfalls (ein) Gott auf das Geschehen haben könnte – und selbst wenn sie direkt aus seinem Mund käme, wäre sie nicht akzeptabel. Sie verhöhnte die Opfer. Jedes weitere globale Gemetzel, jedes weitere gewaltsame ›nation building‹, jede technische und politische Katastrophe, ließe sich durch sie rechtfertigen. Wer aber Auslöschung vor Augen hat, wird sich hüten, von der ihr folgenden Schöpfung zu faseln. Mit der von Schumpeter gerne zur Schau gestellten Pose des Abgeklärten kann man vielleicht jene beeindrucken, die gerne ›tiefen‹ Sprüchen starker Männer lauschen. Sie bleibt aber Pose – und jeder, der zwischen den Zeilen zu lesen weiß, sieht den Horror, vor dem sich Schumpeters Alpha-Ego zu retten sucht und jene *Resignation vor allem möglichen Scheitern,* die von Feigheit nicht zu unterscheiden ist. Ein rhetorisches Immunsystem.

Wenn es zutrifft (was man häufig zu hören bekommt), daß sich in der Schumpeterschen Formel tatsächlich die ökonomische Triebkraft des Kapitalismus ausspricht, dann ist das zu-

---

* Joseph A. Schumpeter, *Kapitalismus, Sozialismus und Demokratie.* Einführung von Eberhard K. Seifert (Tübingen, Basel ⁸2005), Siebentes Kapitel, 134–142. Das Buch erschien erstmals 1942 auf Englisch. Es ging zu großen Teilen auf Vorarbeiten aus den dreißiger Jahren zurück.

Immun

gleich ein klarer Auftrag, sich nach einer anderen Wirtschafts- und Gesellschaftsform umzusehen. Daß der Kommunismus auf Grund gelaufen ist, kann nicht als Begründung herhalten, Denken und Phantasie einzustellen und das Konformgehen mit dem ›Lauf der Dinge‹ zur Staatsreligion auszurufen.*

---

* Die eigentümliche Stellung, die der Kritik und dem Kritiker in Schumpeters »Soziologie des Intellektuellen« (ebd., 235–251) zugemessen wird, kommt einer Denunziation gleich. Es ist unsinnig, zu schreiben: »Intellektuelle sind in der Tat [!] Leute, die die Macht des gesprochenen und des geschriebenen Wortes handhaben, und eine Eigentümlichkeit, die sie von anderen Leuten, die das gleiche tun, unterscheidet, ist das Fehlen einer direkten Verantwortlichkeit für praktische Dinge.« (237) Wie das Beispiel des philologischen Textkritikers zeigt, den Schumpeter als *origo* des modernen Kritikers ausmacht, handelt es sich bei Kritik mit Bezug auf Sprache nicht nur um eine durchaus eigenständige Praxis; gerade wer sich in der Sprache um Sprache kritisch kümmert, nimmt eine ausgezeichnete praktische Verantwortung wahr. Schumpeters Soziologie des kritischen Intellektuellen ist in Wahrheit eine Soziologie des charakterlosen Opportunisten. Die Charakterisierung Schumpeters in Karl Kraus' »Fackel« (»Ein Mann, nehmt alles nur in allem, der mehr Gesinnungen hatte, als zum Vorwärtskommen nötig war«) legt die Vermutung nahe, es handle sich bei Schumpeters abwertendem Urteil über die Intellektuellen um eine unfreiwillige Selbstbeschreibung (*Die allerletzten Tage der Menschheit*, in: Die Fackel, XXI. Jahr, Nr. 521–530, Heft 1 [1920], Februar, 158f.).

»What's aught but as 'tis valued?«

65

Umgekehrt. Wo Bücher verteidigt werden, geht es vielleicht auch den Menschen besser. Es gibt »that fellowship which exists between people who love books.«*

* Hilton, *John Ruskin*, 47.

Dezentrale

66

Die dezentrale Buchhandlung – auf dem Land, in der Stadt –, deren Förderung Ruskin bei der Einführung des *fixed price* im Blick hatte und deren Existenz es zu verteidigen gilt, ist der Ort, an dem sich der Autor, in Gestalt seines Buches, und der Leser treffen – im persönlichen, körperlichen Zugegensein Dritter, des Buchhändlers, der Buchhändlerin, vielleicht anderer Leser, die auch einbezogen sind. In einem wirklichen Gesprächsraum.

Das ist nicht dasselbe wie auf ›Empfehlung‹ anonymer Marktteilnehmer hin oder auch gerade so auf einer ›Plattform‹ eine Datei herunterzuladen oder einen – patentierten – *1click-buy* zu tätigen. Kein atomisierter Akt innerhalb eines abstrakten Tauschzusammenhangs. Die Gesellschaftsform, die dem Kauf im Buchladen zugrundeliegt, ist, politisch, anders. Sie ist tendenziell solidarisch.

Die Ruskinsche Bemerkung, man brauche kein ›advertising‹, um ein Buch zu kaufen, sondern, *wie bei der Medizin,* die Empfehlung eines Freundes oder eines Kundigen, hat eine tiefere

»What's aught but as 'tis valued?«

Bedeutung. Sie erschöpft sich nicht in der Reminiszenz, daß die ersten Grossisten im Buchhandel dieselben Fahrzeuge benutzten, die auch die Apotheken für ihre Arzneimittel verwendeten. Ihr Kern ist: Beide Male geht es um das Leben.

Schnittstelle

67

Die zweidimensionale Kontaktfläche, den ›das Netz‹ an die Stelle der dreidimensionalen raumzeitlichen Begegnung von Körpern mit Tast-, Geruchs-, Hör-, Gesichts- und Geschmackssinn in einer Buchhandlung setzt, ist das programmierte *GUI,* die graphische Benutzeroberfläche (›*graphical user interface*‹). Daß hier im Deutschen von ›Schnittstelle‹ (das Englische ›*interface*‹ betont ebenfalls die Differenz, ist aber analytisch weniger aufschlußreich*) gesprochen wird, beschreibt als Metapher den zugrundeliegenden Eingriff treffend. Schnittstelle, das ist der Schauplatz eines gewaltsamen Eingriffs, der einen bestehenden Zusammenhang textiler Art (Gewebe) *trennt.* Die Stelle einer Wunde.

Weit entfernt davon, Sozialität zu ermöglichen, dient der Schnitt *an dieser Stelle* dazu, diese zu unterbinden. Wer einmal in den sogenannten *social reading rooms,* die die sich fortschrittlich

---

* Das *Oxford English Dictionary* paraphrasiert mit »A surface lying between two portions of matter or space, and forming their common boundary.« Belegt ist das Wort seit 1882.

»*What's aught but as 'tis valued?*«

dünkenden Bibliotheken anstelle von Regalraum eingerichtet haben,* gesehen hat, wie Menschen, die zwei Meter voneinander entfernt vor ihren Schirmen sitzen, in die Tastatur tippen und sich in ihren Bildschirmen spiegeln, ohne das reale Gegenüber überhaupt noch wahrzunehmen, weiß, was für eine soziale Anästhesierung mit dergleichen technischem Ambiente einhergeht. Und es sagt einiges über die Weise, wie diese Gesellschaft über sich zu denken beigebracht bekommen hat, daß diese so unfreiwillig treffende Metapher von der ›Schnittstelle‹ mittlerweile auch in den technikfernsten Zusammenhängen auftaucht. Drittmittelanträge in ›Geisteswissenschaften‹.

* Für sie mußten Bücher vernichtet werden.

Kein Epilog. Zur Fortsetzung

68

Die Buchhandlung Rieck, an die sich Otl Aicher erinnert, ist von ihm als Ort der Sammlung und des Widerstands beschrieben worden. Die Reise wurde in Aulendorf unterbrochen (immer muß man etwas unterbrechen, um der Determination der Gleise zu entrinnen), vor Furtwangen, ganz im Süden Deutschlands, dort, wo einmal am Tag auch heute noch der Zug von Münster über Heidelberg nach Innsbruck hindurchfährt, an Lindau vorbei (Hölderlin nennt es »glükseelig[], / Eine der gastlichen Pforten des Landes«*), über Bregenz, Bludenz, durch Vorarlberg nach Innsbruck, nach Amras. Eine menschliche Buchhandlung in grauenhaft unmenschlicher Zeit. Eine »Gegend, in der Menschen und Bücher lebten«❰ – das Wort ›Ge-

---

* Hölderlin, *FHA* 6, Elegien und Epigramme, hrsg. v. D. E. Sattler und Wolfram Groddeck (Frankfurt am Main, Basel 1976), 298.

❰ Paul Celan, *Ansprache anläßlich der Entgegennahme des Literaturpreises der Freien Hansestadt Bremen,* in: ders., Gesammelte Werke, hrsg. v. Beda Allemann u. Stefan Reichert. 5 Bde. (Frankfurt am Main 1983), III 185. Celan spricht von der »Landschaft, in der ein nicht unbeträchtlicher Teil jener

gend‹ hier im Heideggerschen Sinne als ein *Entgegenkommen,* ein *Sich-Öffnen* verstanden, das den Raum zum Leben und Überleben überhaupt erst einräumt.

Als ich mit Georg Siebeck im April darüber sprach, daß ich das Buch mit Aichers Reminiszenz an die Riecks eröffnen wollte, wies er mich darauf hin, daß es auch ganz am anderen Ende Deutschlands eine Buchhandlung von vergleichbarer Bedeutung in den vierziger Jahren gegeben habe, die ›Buchhandlung der Agentur des Rauhen Hauses‹ am Jungfernstieg 50 in Hamburg. Seit 1905 war Johannes Paul Meyer der Geschäftsführer der 1833 von Johann Heinrich Wichern gegründeten und seit 1844 mit einer Verlags- und Buchhandlung ausgestatteten ›Agentur‹, ein aus Schwaben stammender, pietistisch geprägter Protestant (wie man früher sagte) humanistischer Bildung mit ausgeprägtem Interesse für moderne Kunst. Meyer machte die ›Agentur‹ im Laufe der Jahre zur wichtigsten evangelischen Buchhandlung Norddeutschlands.

Als der Krieg den Buchhandel immer mehr erschwerte, beschloß Meyer zu Beginn der vierziger Jahre, in den Räumen der Agentur Kunstausstellungen zu organisieren, häufig mit Bildern

chassidischen Geschichten zu Hause war, die Martin Buber uns allen auf deutsch wiedererzählt hat.« (ebd.)

von Künstlern, die von den Nazis abgelehnt wurden. Die Buchhandlung erlangte dadurch schnell auch überregional einen bedeutenden Ruf. Um seinen Sohn Reinhold (1920–1944), der seit 1940 in die Geschäftsführung einbezogen war, sammelte sich – nach den Luftangriffen auf Hamburg von 1942 im Keller des Hauses – die Hamburger Dissidenz. Felix Jud, ein anderer Hamburger Buchhändler, dessen Geschichte noch zu schreiben wäre, denkt in dem 1969 zum 125-jährigen Jubiläum erschienenen Band »Bücher und Zeiten«, in dem sich u. a. Beiträge von Manfred Hausmann, Albrecht Goes, Helmut Thielicke, Geno Hartlaub, Siegfried Lenz und Marcel Reich-Ranicki finden, an die vierziger Jahre zurück:

> Zur Buchhandlung entstand, wie Albert Suhr sich erinnert, »eine Art familiärer Bindung«, vor allem »unter dem Eindruck der Flugblätter der Geschwister Scholl, mit deren Inhalt sich Reinhold ebenso identifizierte, wie die anderen. Wir trafen uns fast täglich in der ›Agentur‹. Es war zwischen uns allen eine geistige und brüderliche Freundschaft.« Die anderen ... wir – das sind in erster Linie jene Kommilitonen, die wie Reinhold Meyer selbst zum Hamburger Zweig des Widerstands- und Verfolgtenkreises »Weiße Rose« gehörten: die

Kein Epilog. Zur Fortsetzung

Philosophiestudenten Howard Beinhoff, der seit Frühjahr 1941 mit Sophie Scholl korrespondierte, und Heinz Kucharski, die Medizinstudenten Jürgen Bierich, Martin Meier, Willi Renner, Gretha Rothe und Albert Suhr, die Buchhandlungsgehilfin Hannelore Willbrandt, um nur einige zu nennen. Die ersten, im Sommer 1941 von Alexander Schmorell und Hans Scholl verfaßten »Flugblätter der Weißen Rose« waren noch im Herbst jenes Jahres von Traute Lafrenz von München nach Hamburg gebracht worden.

In der Geschichte der Weißen Rose Hamburg, deren Vorgeschichte bereits im Jahre 1935 an der ehemaligen Lichtwarkschule ihren Anfang genommen hatte, spielten drei Hamburger Buchhandlungen eine Rolle: die Buchhandlung Kloss, die Hamburger Bücherstube Felix Jud und die Buchhandlung der Agentur des Rauhen Hauses. Die »Agentur« war zur Zeit ihres Juniorchefs Reinhold Meyer einer der markantesten Sammelpunkte des studentischen Widerstandes gegen Hitler. In ihrem Keller traf sich »das andere Hamburg«. Kunst und Literatur von der Art, die die Nationalsozialisten als »entartet«, als »undeutsch« verpönt hatten, erwiesen sich als ein Geheimcode, dessen Chiffren im Grunde nur besagten: Resistenz

Im Keller

gegen die Bilderstürmer und Bücherverbrenner. Kampf den Boches, die Deutschland in eine barbarische Wüstenei verschandelten. Freiheit jetzt! In der Buchhandlung der »Agentur« jener Zeit begegnen wir außer den Studenten, die der Weißen Rose Hamburg angehörten oder nahestanden, einer ganzen Reihe von Künstlern und Intellektuellen, die bei dem jungen Reinhold Meyer ein Refugium ihrer inneren Emigration fanden, so den Malern Sobetschko und Wriggers, dem Schauspieler Wolf Benekkendorf, dem Musiker Olaf Hudtwalker, den Schriftstellern Egon Vietta, Louis Satow, Theo Hambroer.*

Durch eine Denunziation wurde Reinhold Meyer an die Geheime Staatspolizei verraten. Für den Kreis, der sich im Keller der Buchhandlung zu versammeln pflegte, eine Katastrophe.

Im Herbst 1943 holte die Gestapo zum vernichtenden Schlage aus. In München, wo in den Monaten Februar bis Juli jenes Jahres bereits über 20 Verhaftungen vorgenommen, drei Strafprozesse durchgeführt und sechs Todesurteile verhängt worden waren, wurden

---

* Felix Jud, *Reinhold Meyer und die Weiße Rose,* in: Bücher und Zeiten. 125 Jahre Buchhandlung am Jungfernstieg ([o.O.] 1969), 132–137; hier: 134f.

Kein Epilog. Zur Fortsetzung

weitere 10, in Hamburg rund 30 Angehörige des Widerstandskreises »Weiße Rose« verhaftet, unter ihnen der Juniorchef der Buchhandlung der Agentur des Rauhen Hauses, stud. phil. Reinhold Meyer.

Am 19. Dezember 1943 wurde er unter der Beschuldigung festgenommen, an einem hochverräterischen Unternehmen teilgenommen zu haben. Drei Tage später schloß sich hinter ihm die Tür einer Einzelzelle des ehemaligen Zuchthauses Hamburg-Fuhlsbüttel. Er blieb darin – das Lesen war ihm verboten – bis Mitte Juni des nächsten Jahres, als die Gestapo ihn in das Konzentrationslager Neuengamme bringen ließ. Anfang Oktober 1944 kehrte er von Neuengamme nach Fuhlsbüttel zurück. Gefangengehalten auf einem Saal, in dem sich 80, 90, zuweilen über hundert Häftlinge 50 Betten und drei Tische teilen mußten, holte sich Reinhold Meyer eine schwere Diphtherie, der sich sein ohnehin geschwächter Organismus nicht mehr erwehren konnte. Ohne ärztliche Hilfe gelassen, starb er am 12. November 1944. In der Reihe der Toten der »Weißen Rose« war Reinhold Meyer der neunte.*

---

* Ebd., 136f.

Weiße Rose

Johannes Paul Meyer führte mit seiner Tochter Anneliese (geboren 1927) bis zu seinem Tod 1950 die Buchhandlung in der ›Agentur des Rauhen Hauses‹ weiter. Dann übernahm Anneliese Tuchel allein die Geschäfte. Es gelang ihr, die Stellung der Buchhandlung weiter zu festigen. In der alten Bundesrepublik trat sie als einflußreiche Branchenpolitikerin im Börsenverein hervor. Helmut Thielicke, der im September 1969 »für die Freunde« den Prolog zu dem privat publizierten Sammelband schrieb, in dem auch der Beitrag von Felix Jud enthalten ist, hat dort versucht, ein wenig von dem Geist einzufangen, der von dem Haus und der Geschichte, die im Hintergrund immer präsent blieb, sowie der Person Anneliese Tuchel ausging.

Wer wissen will, was eine Buchhandlung ausmacht, die sich als Stätte kultureller und politischer Begegnung und nicht als ›Geschäftsmodell‹ begreift, sollte im Antiquariat nach dem Band suchen. In meinem fand sich noch eine handschriftlich unterzeichnete Karte – ein ›Zufallsfund‹, fast eine Flaschenpost. Und wer wissen will, wie tief die Geschichte der vierziger Jahre in die Gegenwart noch der neunziger einschnitt, der halte Ausschau nach dem 1994 ebenfalls im Privatverlag erschienenen Erinnerungsband an Reinhold Meyer, »Der braucht keine Blumen«, zu dem Anneliese Tuchel die Materi-

Kein Epilog. Zur Fortsetzung

> Im September dieses Jahres feiert die Buchhandlung am Jungfernstieg Anneliese Tuchel ihr 125jähriges Bestehen.
> Aus Anlaß dieses nicht alltäglichen Jahrestages erscheint für unsere Freunde die Festschrift
> »BÜCHER UND ZEITEN«
> Da Sie unserer Buchhandlung auf besondere Weise verbunden sind, möchte ich mir hiermit erlauben, Ihnen in Dankbarkeit ein Exemplar dieser Festschrift zu überreichen.
>
> Hamburg im September 1969   *Ihre Anneliese Tuchel*

alien beigesteuert hat. Bleistiftzettel aus der Todeszone.

Es stellte sich heraus, daß sie Manfred Meiner, mit dem ich über sie sprach, beim Abschluß seiner Verlagsbuchhandelslehre geprüft hatte. Er erzählte, sie sei nicht einfach gewesen – aber wer will ihr das bei dem Schicksal im Rücken verübeln. Die WELT, die immerhin einen Nachruf druckte, griff in der Überschrift, damit sich die Leser nur an irgendeiner Vorstellung festkrallen konnten, zur anbiedernden Thatcher-Anspielung von »der Eisernen Lady des Buchhandels«. Aber es sind die komplizierten Personen, von denen man lernen kann.

Ich wäre ihr gerne begegnet. Der Gedanke, daß eine solche Begegnung möglich gewesen wäre, hat etwas Betrübliches. 1998 schloß sie aus Gesundheitsgründen die Buchhandlung, gestor-

Blumen

ben ist sie im Jahr 2000. Georg, der beim Trauergottesdienst im »Michel« zugegen war, berichtete, die größte Kirche Hamburg sei bis zum letzten Platz gefüllt gewesen. Den offiziellen Gottesdienst hielt der Pfarrer der Nachbarkirche, ein Schüler Helmut Thielickes. Johannes Rau war, ein Jahr nach seiner Wahl zum Bundespräsidenten, als Privatperson (soweit das ging) zugegen und hielt, improvisiert, eine Ansprache, eine Freundschafts- und Liebeserklärung, die alle Anwesenden stark berührte. Er war ja früher einmal Buchhandelsvertreter gewesen und hatte Anneliese Tuchel in diesem beruflichen Zusammenhang kennen- und schätzengelernt. Rau sprach unter Tränen, Georg meint, die meisten Anwesenden in der Kirche hätten mit ihm geweint.

69

Der Hinweis auf die Erfahrung mit Buchhänd‑
lern, die nicht engagiert, ohne Kenntnisse und
mißgelaunt agieren, verfehlt sein Ziel. Er könnte,
mit gleichem Recht, in jeder anderen Branche
gegen deren (o segensreiche deutsche Bürokra‑
tensprache) ›Minderleister‹ angebracht werden.
Den WW2‑Chor von der ›schöpferischen Zer‑
störung‹ im »immer sich anpassenden Orchester«
(Kafka, »Auf der Galerie«) anzustimmen und
den Untergang der Buchhandlungen im Killer‑
Deutsch des neuesten BWL‑Jargons herbeizuju‑
beln (›veraltetes Geschäftsmodell‹), ist degoutant.
Hier handelt es sich um die gesellschaftsökolo‑
gische Frage, ob eine Vielzahl kleiner lokaler
Kulturzentren möglich bleibt,* potentielle Licht‑
schneisen in der flächendeckenden Ödnis von
H&M‑Läden und Bäckereiketten ohne Bäcker.

Überhaupt um die Möglichkeit von Lücken
in Ketten. Wer sich die Frage stellt, ob es sinn‑
voll ist, für die Existenz von Buchhandlungen

---

* Und mit ihr eine freie, nicht von einem Monopolisten ab‑
hängige Verlagslandschaft.

Lichtschneisen

einzutreten – in Füssen, Bad Bergzabern, Konstanz, Zwickau, Husum, Düren, Hamm, Wismar, Frankfurt an der Oder, Görlitz, Weiden –, der wird diese an ihren Möglichkeiten messen müssen. Und die sind groß. Die in Aulendorf, die mir am Anfang zuflog, die in Hamburg, mit der ich endete, die in Heidelberg in der Mitte, sind historische Orientierungspunkte, an denen offenbar wird, was für eine Kraft diese Institution entfalten kann, welche Energie, welchen Nonkonformismus. Sie verdient jeden Schutz, nicht nur den der Buchpreisbindung und des geringeren Mehrwertsteuersatzes für Druckprodukte.

הָלֵס – Ein Land, in dem es viele unabhängige Buchhandlungen gibt, ist zu *preisen*.

70

Above all, a nation cannot last as a money-
making mob: it cannot with impunity, –
it cannot with existence, – go on despising
literature, despising science, despising art,
despising nature, despising compassion,
and concentrating its soul on Pence. Do
you think these are harsh or wild words?
Have patience with me but a little longer.*

* *CW* XVIII 84 (»Sesame and Lilies«).

Abbildungsverzeichnis

6 Karte des Deutschen Reiches 1:100.000. 1937. Großblatt Nr. 153, Biberach – Laupheim – Ravensburg – Memmingen. Ausschnittsvergrößerung.

32 The Pierpont Morgan Library, New York. MA 7789. Bequest of Helen Gill Viljoen, 1974, John Ruskin, Brantwood diary: autograph manuscript diary: Brantwood, Coniston, 1876 May 7–1884 Jan. 1., aufgeschlagene Doppelseite 74, links.

33 The Pierpont Morgan Library, New York. MA 7789. Bequest of Helen Gill Viljoen, 1974, John Ruskin, Brantwood diary: autograph manuscript diary: Brantwood, Coniston, 1876 May 7–1884 Jan. 1., aufgeschlagene Doppelseite 74, rechts.

34 oben: dasselbe, Ausschnitt, Doppelseite 74, rechts, unten.

34 unten: dasselbe, Ausschnitt, Doppelseite 74, links, oben.

35 Helen Gill Viljoen (Hrsg.), The Brantwood Diary of John Ruskin. Together with Selected Related Letters and Sketches of Persons Mentioned (New Haven, London 1971), Stempel auf vorderem Vorsatzpapier (privat).

43 John Ruskin, Selbstporträt (1874), Bleistift, Wellesley College Library.

44 dasselbe, Ausschnitt.

69 Gotthold Ephraim Lessing, Sämtliche Schriften. Hrsg. v. Karl Lachmann. Dritte, auf's neue durchgesehene und vermehrte Aufl., besorgt durch Franz Muncker (Stuttgart, ab Bd. 12 Leipzig, ab Bd. 22 Berlin und Leipzig 1886–1913), IX, vorderes Vorsatzpapier (privat).

204 Ausschnittsvergrößerung des Stichs in *CW* IX (»The Stones of Venice I«), Tafel XVII.

205 *CW* IX (»The Stones of Venice I«), Tafel XVII.

207 *CW* IX (»The Stones of Venice I«), vorderes Vorsatzpapier (privat).

210 *CW* IX (»The Stones of Venice I«), 132, Ausschnitt.

219 Photographie, San Zeno (Verona), aus: Hugh Kenner, The Pound Era (Berkeley, Los Angeles 1971), 324.

293 Überreichungskarte der Festschrift »Bücher und Zeiten«, handschriftliche Zueignung Anneliese Tuchel, 1969 (privat).

Danksagung

An diesem Buch waren viele beteiligt, denen ich gerne und von Herzen danke. Georg Siebeck, der mir viel über den Buchhandel nach dem Krieg erzählt und wichtige Hinweise gegeben hat; die beiden Heidelberger Buchhändler, Victor Canicio Vola und Clemens Bellut für Diskussion, Ermunterung – und für ihr engagiertes Gegenlesen; die liebenswürdigen studentischen Heidelberger Textkritiker (grammatisches Geschlecht!), die noch *so* viele Fehler gefunden haben und immer bereit waren, zu sprechen, zu widersprechen, zu lesen, nachzufragen; Wolfgang Kemp, der mich durch briefliche Kommentare zu »Ende der Hypnose«, durchaus unabsichtlich, dazu ermuntert hat, das Buch in Angriff zu nehmen; und KD, Michel, Doris, Jochen, Rudi und Alexander vom Verlag. Was würde ich ohne sie machen!

Inhalt

Prolog   5-12
Fors Clavigera   13-60
Tychä liebt Technä   61-111
Fixed Price   113-168
Buch, Arbeit, Wert   169-238
»What's aught but as 'tis valued«   239-284
Kein Epilog. Zur Fortsetzung   285-298

Abbildungsverzeichnis   299

Danksagung   301